gutes leben
bene!

Andreas Malessa

# Eine Blume für Zehra

## Liebe bis zu den Pforten der Hölle

# Inhalt

KAPITEL 1

# Mach es. Jedes Leben zählt

»Würden Sie es denn machen, Herr Blume?«

Am 3. August 2014 überfallen Terroristen des sogenannten Islamischen Staats Dörfer und Städte im Nordirak, weil dort »Ungläubige« leben: Jesiden, Christen, nichtsunnitische Muslime. Sie ermorden rund 3000 Männer vor den Augen ihrer Familien, entführen geschätzt 7000 Frauen und Kinder, um sie als Sex-Sklavinnen zu missbrauchen, zu verkaufen oder deren Angehörige zu erpressen. Die Bilder und Videos unvorstellbarer Grausamkeiten veröffentlicht der IS im Internet oder verschickt sie per WhatsApp in die Region, um in den noch nicht eroberten Gebieten Panik zu verbreiten. Tausende Jesiden – eine ethnisch-religiöse Minderheit innerhalb der Kurden –, aber auch Christen und Muslime fliehen daraufhin in das benachbarte Shingal-Gebirge. Eine Prozession der Elenden bei bis zu 50 Grad im Schatten, den es kaum irgendwo gibt.

Rund 190 000 Jesiden leben in Deutschland oder sind bereits hier geboren. Im September 2014 gehen Vertreter ihres Zentralrats mit Fotomappen zu Politikern in Berlin. Sie bekommen einen Termin bei der gerade laufenden Fraktionsklausur der Grünen. Unter Tränen zeigen sie Bilder von unfassbaren Kriegsverbrechen, Folterungen von Kindern, öffentlichen Hinrichtungen und sogar Kreuzigungen. Sie bitten um Hilfe. Katastrophenhilfe. So schnell es irgend geht. Ministerpräsident Winfried Kretschmann und sein Staatssekretär Klaus-Peter Murawski sind geschockt. »Baden-Württemberg hat keine Armee …«, erklärt Kretschmann, »aber wir prüfen, was wir tun können.«

Zu Hause in Stuttgart bereiten Dr. Michael Blume, Referatsleiter für Integration und Religion, und sein Team gerade einen »Flüchtlingsgipfel« vor. Eine Konferenz aller Parteien im Landtag, der Kreisräte und Bürgermeister, der Verbände und Kirchen. Man will vorbeugende Maßnahmen angesichts der steigenden Flüchtlingszahlen beraten.

Die Frage schafft es auf die Tagesordnung: Sollen wir Opfer sexueller Gewalt aus dem Kriegsgebiet holen? 600, vielleicht 800 oder sogar 1000 Frauen und Kinder?

Michael Blume traut seinen Augen nicht. Alle Parteien, alle, sind dafür! Die Kirchen sowieso, die Städte und Kommunen, Vertreter der Zivilgesellschaft auch.

Die AfD sitzt noch nicht im Landtag.

*

23. Dezember 2014. Das Auswärtige Amt und das Innenministerium in Berlin haben, »na ja, nicht gerade grünes Licht gegeben, eher gelbes«, erinnert sich Michael, »weil die sagten: ›Wir spielen doch nicht den Buhmann und verbieten eine humanitäre Aktion. Von uns aus – macht es! Aber auf eigene Verantwortung und eigenes Risiko! Mit eigenen Beamten, eigener Sicherheit und hinterher alleiniger Rechenschaft der Öffentlichkeit gegenüber. Vor allem, was den Verbleib der Geretteten und die Finanzierung der Aktion betrifft!‹«.

Michael hat Verständnis für die Bedenkenträger: »Die Region ist Kriegsgebiet, der IS ist noch stark präsent, der Nordirak ist kein Rechtsstaat in unserem Sinne. Wer die größte Wumme hat, hat recht.«

Die Büros der Landesregierung in Stuttgart sind am Abend vor dem Weihnachtsfest schon fast komplett leer. Staatssekretär Klaus-Peter Murawski ruft den Ministerpräsidenten an. Es geht um eine einzige Frage: Übernehmen wir als Land Baden-Württemberg die alleinige und volle Verantwortung für eine solche Rettungsaktion? Ein Fehlschlag, eine Entführung, ein toter Mitarbeiter – und der »MP«, wie ihn hausintern alle nennen, ist in seinem Ansehen dauerhaft beschädigt. Und Murawski und Blume sind wahrscheinlich sogar ihre Ämter los. Alle, das ist ihnen klar, riskieren gerade ihre Karriere. Aber kann man Menschen im Stich lassen? Oder ist es vernünftiger, jetzt das Ganze doch noch abzubrechen?

Nach einer gefühlt sehr langen Pause fragt Winfried Kretschmann: »Würden Sie es denn machen, Herr Blume?«

Durch ein Fenster der Staatskanzlei sieht Michael einen geschmückten Weihnachtsbaum, der draußen gegen die Dunkelheit anleuchtet. Stille Zeit, heilige Zeit. Ein Fest der Freude. Die Geschenke für seine Familie hat er schon alle beisammen.

Während wir morgen zu Hause »Vom Himmel hoch, da komm ich her« singen, werden die Frauen und Kinder dort unten im Irak frieren und einige von ihnen auch sterben, denkt er. Kann er daran etwas ändern? Er, der kleine Referatsleiter im fernen Schwabenland?

»Jeder in meiner Generation hat doch den Film ›Schindlers Liste‹ gesehen und gedacht: ›Oh, was für ein mutiger Mann! Würde ich mich das auch trauen?‹

Solche theoretischen Fragen wurden plötzlich konkret«, erinnert er sich, »wenn ich mich jetzt wegducke, sagte ich mir, würde ich mir für den Rest meines Lebens nicht mehr vertrauen. Du hättest es tun können, hast es aber nicht getan. Jetzt, in diesem Augenblick, wurde mir die Frage ja konkret gestellt: Tausend Menschenleben?«

Er hört sich sagen: »Ja, das kriege ich hin. Aber ich muss natürlich zuerst meine Frau fragen.«

*

24. Dezember 2014. Michael erstickt fast an seinen gedachten Worten, sagt aber den ganzen Tag nichts. Christvesper in der evangelischen Kirche.

O du fröhliche, o du selige, gnadenbringende Weihnachtszeit. Familie Blume hat drei Kinder, sie sind elf, neun und drei. Die schönsten Jahre, um mit Kindern Heiligabend zu feiern. Im Wohnzimmer der festlich strahlende Tannenbaum. Seine Frau Zehra und Tochter Melissa spielen Flöte, Michael liest die Weihnachtsgeschichte aus dem Lukasevangelium Kapitel 2 vor. »Machen wir ganz traditionell immer so«, erklärt Zehra. Sie stammt aus einer deutsch-türkischen Familie und ist Muslimin. Die Kinder werden christlich-islamisch erzogen.

Zehra wundert sich, warum Michael Tränen in den Augen hat, als er vorliest, wie die Hirten von den nachtkalten Feldern zum Jesuskind gerufen werden. Jesus – ein neugeborener Heimatsuchender in einer notdürftigen Unterkunft.

»Ist alles in Ordnung, Schatz?«

»Klar. Die Geschichte geht mir heute nur besonders nah.«

Es gibt Kartoffelsalat und Kalbfleischmaultaschen.

Dann gibt's die Bescherung, und das übliche wunderbare Hallo über den Geschenken bricht sich Bahn.

Als die Kinder im Bett und die runtergebrannten Kerzen gelöscht sind, muss es raus: »Der MP hat mich gefragt, ob ich die IS-Sklavinnen, tausend Frauen und Kinder, aus dem Irak hole.«

Zehra schaut ihn schockiert an. »Was? Du?«

Michael nickt und presst die Lippen aufeinander.

»Alle auf einmal?«

»Nein, das braucht etliche Missionen.«

»Wie oft? Wie lange?«

»Ich weiß es nicht. Wir müssen sie finden, ihren Gesundheitszustand checken, ihnen Visa ausstellen, sie herbringen, sie unterbringen. Es werden viele Einsätze. Wahrscheinlich dauert es ein Jahr.«

»Wo du dann jedes Mal in den Irak …?«

Michael nickt. Er braucht ihr nicht zu sagen, wie es im Irak aussieht. Zehra sieht Nachrichten, liest die Zeitung.

Plötzlich weint sie. Das überrascht ihn. Sie ist nicht etwa sauer, sie nimmt seine Hand: »Wir glauben beide, dass uns Gott einmal fragen wird, was wir mit dem Elenden vor unserer Tür gemacht haben, richtig?«

Wieder nickt Michael.

»Ich schäme mich«, jetzt muss Zehra schlucken, »dauernd schäme ich mich, was für Verbrechen da unten im Namen des Islam begangen werden. Es ärgert mich dermaßen, dass diese Monster sich Muslime nennen!«

»Aber …«, Michael hat wieder Festigkeit in der Stimme, »aber ich werde sehr oft sehr lange weg sein und …«

»… und ich werde ein Jahr lang so gut wie alleinerziehend sein, das ist mir klar.«

Sie schaut Michael in die Augen: »Dass du dich das traust, zeigt mir eins: Du bist der Mann geworden, den ich damals in dir gesehen habe. In der Schule, in diesem Jungen im Ethikunterricht, den ich seitdem liebe. Also gut: Mach es. Jedes Leben zählt.«

KAPITEL 2

# Zwei Mal mit derselben Geranie

»Guten Tag. Mein Name ist Michael Blume. Ist Zehra zu Hause?«

Vor der Tür der Familie Tayanc steht ein Schüler. Ein schmaler, etwas unsicher wirkender Deutscher. Vielleicht 17, höchstens 19 Jahre alt. Er hält eine weiße Geranie in der Hand und wirkt – nun ja, halb zögerlich, halb forsch entschlossen. Mutter Türkan Tayanc hat in der Küche Auberginen geschnippelt, wischt die Hände an ihrer Schürze ab und lächelt: »Kommen Sie doch rein.«

War dieser Junge nicht vor Jahren schon mal bei ihnen gewesen, nur kurz, aber angenehm in Erinnerung? Als Zehra noch aufs örtliche Gymnasium ging und sie ihm für den Ethikunterricht einen deutschsprachigen Koran ausleihen sollte?

»Wer ist es?«, ruft Papa Osman aus dem Wohnzimmer.

»Blume, Michael Blume«, wiederholt der junge Mann, bleibt aber im Hausflur stehen. Er hat ja auch noch nie einen türkischstämmigen Vater nach dessen Tochter gefragt. »Ich bin mit Zehra in der Jungen Union. Also der CDU-Jugend, verstehen Sie? Ich wollte mal fragen …«

Mutter Türkan unterdrückt ein Kichern. Wer zittert mehr – *die* Blume oder *der* Blume?

»Zehra ist mit ihrer Klasse im Landschulheim«, sagt sie. »Die machen da irgendein Spiel, irgendwas Militärisches.«

»Was Militärisches? Vom Mädchengymnasium aus? Mit den Nonnen?«

»Ich weiß es auch nicht so genau. Sie ist jedenfalls bis Mittwochabend im Schwarzwald.«

»In Oppenau«, ergänzt der inzwischen hinzugekommene Herr Tayanc. Auch er schmunzelt. Einen jungen Mann, der sich um richtiges Benehmen bemüht, will er nicht verschrecken. Er reicht Michael die Hand und holt ein »Willkommen« nach. Doch Michael hat einen Ort gehört. Und schon einen Entschluss gefasst. Die Geranie hält er kopfüber nach unten wie einen Regenschirm.

Vielleicht gibt es diesen Typ Mann ja in jeder höheren Schulklasse, an allen Universitäten und in jedem Lehrbetrieb: ein meist unauffällig gekleideter, zurückhaltender, bisweilen graumäusig wirkender Junge, der sich die Wertschätzung seiner männlichen Kumpel nicht mit Körperstyling, Sportlichkeit, Draufgängertum oder Trinkfestigkeit erwirbt, sondern der durch sprachgewandte Klugheit, Engelsgeduld und eine schier unerschöpfliche Hilfsbereitschaft beliebt ist. Bei den meisten jedenfalls. Man muss ihn nicht bewundern, vielleicht muss man ihn nicht mal bevorzugt mögen, aber – man kann ihn gebrauchen. Gebrauchtwerden ist ihm ohnehin Liebesbeweis genug.

Na ja, meistens. Mit Freundlichkeit und Fleiß hat er sich etwas Ansehen und Autorität unter Gleichaltrigen erarbeitet. Er markiert nicht den Halbstarken, aber seine eher leise Stimme hat Einfluss. Und den übt er aus. Ganz ohne Machtspiele oder -posen.

Mögen andere Männer kurz vor zwanzig »ein Testosteronfass auf zwei Beinen« sein, wie der Biolehrer manchmal spottet – für viele Mädchen ist Michael eher der »beste Freund«. Kein geschlechtsloses Wesen, aber doch jemand, der hoch über den kleinlichen Irrungen und Wirrungen der Liebe steht. Ein Junge, von dem keinerlei Bedrohung ausgeht, den sie aber auch nicht als Lover begehren. Obwohl sie ständig seine Nähe suchen. Dem sie ihren Liebeskummer mit anderen Kerlen klagen und dem sie ihre Geheimnisse anvertrauen. Weil er so viel Verständnis, so viel Besonnenheit ausstrahlt. Und weil er vernünftig ist, ohne deshalb oberlehrerhaft zu sein.

Ein bisschen hört man die Wunde jener Jahre noch, wenn Michael zurückblickt: »Ich war für die Mädels nicht cool genug, nicht chic, nicht so richtig vorzeigbar. Aber ich war immer gut genug, sich bei mir auszuheulen. Das schmerzte, aber es spornte auch an.«

Michael Blume ist in der Abiturklasse seines Gymnasiums einer der Besten, er ist computerkundiger als die meisten, er ist Spielleiter bei gemeinsamen Fantasy-Abenteuern an Rollenspieltischen und in der Cyberwelt. Worüber auch immer diskutiert wird – er hat zu allem schon mal was gelesen, wartet aber, bis er gefragt wird. Andere mögen kräftiger, drahtiger, cooler sein, das akzeptiert er. Aber wenn er redet, hört man ihm zu. Sogar Lehrerinnen, Gruppenleiter Kommunalpolitiker und sonstige Erwachsene tun das und nehmen ihn ernst, ohne ihr Interesse herablassend zu heucheln.

Zehra Tayanc besucht ein privates katholisches Mädchengymnasium. An den Wochenenden ist sie in der Jungen Union engagiert. Michael ist der Ortsvorsitzende, wer sonst.

Ja, sie hat schon manches Mal ein Auge auf ihn geworfen, Ja, auch sie ist ihm schon oft aufgefallen. Aber: »Er hat ja eine Freundin. Und er ist nicht gläubig. Ich bin aber muslimisch. Also wird's nix. Schade«, erinnert sich Zehra an ihre Gedanken und Gefühle damals.

Die eine Vermutung stimmt zu dem Zeitpunkt nicht mehr, die andere noch nicht.

»Damals ging ich mit einem Mädchen aus. Im Kino tauschten wir den ersten Kuss. Ich war high, dachte, das wird etwas Großes. Aber auf dem Heimweg bummelten wir an einem übel riechenden Bettler vorbei. Weil ich mein Glück einfach teilen wollte, gab ich ihm etwas. Doch sie regte sich maßlos auf, schimpfte und spottete über diesen Menschen, nannte ihn Penner. Und ich spürte: ›Das war's. Aus. Ende. Feierabend. Was taugt ein Kuss, wenn er das Herz nicht wärmt? Wenn *du* eines Tages hilfsbedürftig und unansehnlich wirst, wenn *du* krank, alt oder arm bist, dann redet die auch so von dir! Es hängt doch wieder alles nur von Leistung ab. Dann ist es aber keine Liebe. Also mach Schluss. Lieber heute als morgen.‹«

Ein Abend, ein Kuss, dabei bleibt's. Michael ist wieder einsam und innerlich bitterer als zuvor. Und dem Bettler im Grunde noch dankbar für seine Warnung vor einer »Liebe«, die von Erfolg und Leistung abhängig wäre.

Er glaubt an die Liebe. Ein Romantiker mit buchstäblicher »Heidenangst«, enttäuscht zu werden. Michael wurde nicht getauft als Baby, er ist konfessionslos aufgewachsen, er wurde nicht konfirmiert. Zehra Tayanc weiß das, denn als beide noch zur selben Schule gingen, in der neunten bis zehnten Klasse, waren sie u.a. deshalb gemeinsam im Ethikunterricht gewesen. Weil für sie beide weder der evangelische noch der katholische Religionsunterricht infrage kam.

Jetzt, kurz vor den letzten Pfingstferien des letzten Schuljahres, umweht Zehra eine Melancholie wie seit Teenagertagen nicht mehr. Sie könnte euphorisch, mindestens aber optimistisch gestimmt sein: Ihr St.-Agnes-Gymnasium in der Stuttgarter Innenstadt ist als anspruchsvoll und elitär gefürchtet. Das schriftliche Abitur sei für Zehra gut gelaufen, hört man in der Schülerszene. Trotzdem spürt sie kaum Freude. Michael bekommt das mit. Und entscheidet sich spontan, der eigenen Bedrücktheit zu entfliehen, indem er ihr eine kleine Freude macht.

»Dad, kann ich heute Nachmittag die Karre haben?«

Vater Blume ist irritiert. So einen bemüht coolen Ton schlägt sein Sohn sonst nie an. Michael hat zwar einen Führerschein, ist aber im Gegensatz zu seinen Mitschülern kein bisschen autoversessen. Er fährt selten und demzufolge vermutlich auch unsicher. Eine Mutprobe? Ein Date?

»Hast du nicht Nachmittagsschule?«

»Ja, aber die schwänz ich ausnahmsweise. Ich muss nach Oppenau. Zehra ist dort in einem Landschulheim.«

»Und was ist für diese Sarah so dringend?«

Michael hält eine nicht mehr ganz taufrische Geranie in der Hand.

»Die hier. Keine Ahnung. Ich möchte sie ihr bringen. Heute.«

»Du willst …was?«

»Kann ich nun den Wagen haben, oder nicht? Ich frage nicht oft danach. Also: Ja oder Ja?!«

»Äh, also, ja gut, ich meine, wenn das so ist. Nimm den Schlüssel und behalt die Tankuhr im Auge.«

Warum beugt sich ein Vater der spontanen Schnapsidee seines 19-Jährigen?

»Ich glaube, meine plötzliche Entschlossenheit hat ihn überrumpelt, aber auch positiv überrascht«, interpretiert Michael die Erlaubnis von damals, »ich war der Bücherwurm, der Computernerd, ich war der lesende Streber. Jeder noch so kleine Entschluss von mir wurde vorher hundertmal erwogen, durchdacht, theoretisch geprüft. Wahrscheinlich hatten meine Eltern – das gaben sie später augenzwinkernd zu – insgeheim die Sorge, ich würde noch mit 35 im Hotel Mama hocken. Und jetzt, aus dem Nichts, entscheidet der mal was? Wegen einem Mädchen? Na, dann los.«

Politiksimulationsspiele sind Mitte der 90er-Jahre eine zwar aufwendige, aber vielerorts erfolgreiche Methode, Gymnasiasten die tatsächliche Relevanz von Politik nahezubringen. Der Mauerfall ist bereits ein halbes Jahrzehnt her, Helmut Kohl ist zum vierten Mal für vier Jahre zum Bundeskanzler gewählt worden, die politischen Feuilletons beklagen sein selbstgefälliges Aussitzen drängender Probleme, sprechen von Stillstand und Reformstau im Land. Wo es wenig Hoffnung auf Veränderungen gibt, wenden sich viele Jüngere ab. Grüne und Linke spotten, der ganze Bundestag sei momentan ein Politik-Simulationsspiel.

Wer zwischen 16 und 20 ist, interessiert sich mit Sicherheit mehr dafür, warum »Nirvana«-Frontmann Kurt Cobain Selbstmord begangen hat, warum »Oasis« 2,5 Millionen Eintrittskarten für zwei Open-Air-Konzerte verkaufen können, wie das neue Album der »Toten Hosen« klingt und welche Zoten Harald Schmidt in seiner neuen Late-Night-Show raushauen wird. Wenn man es denn schafft, werktags um 23.15 Uhr noch fernsehen zu dürfen …

Aber: Der Bürgerkrieg auf dem Balkan und das Massaker von Srebrenica im Juli 1995, als Radovan Karadzic und Ratko Mladic mehr als 8000 meist muslimische Bosnier ermordeten, hat auch naturgemäß desinteressierte Jugendliche aufgeschreckt. Längst vergangen geglaubte Nazi-Gräuel können sich direkt vor Deutschlands Haustür wiederholen? Mitten im »modernen« Europa?

Die Lehrer und Lehrerinnen des privaten katholischen Mädchengymnasiums St. Agnes in Stuttgart sind stolz darauf, kein weltentrücktes Nonnenpensionat zu führen, sondern Politikunterricht am Puls der Zeit zu bieten. Manche von ihnen sind Schwestern vom Orden des Franz von Assisi, und der hat sich ja auch politisch eingemischt. Ein Thema, gerade für Mädchen.

In der Zeit zwischen schriftlichem und mündlichem Abitur 1996 sind sie daher mit rund 60 jungen Damen ins Tagungshaus »Barbarossa« gefahren, nach Oppenau, im Schwarzwälder »Allerheiligental«. Sinnigerweise. Zwei Bundeswehroffiziere in schicken Uniformen verteilen Aufgaben an vier bis sechs Schülerinnen pro Kleingruppe und lassen sie herausfinden, welche politische oder juristische Institution bis hinauf zum UNO-Sicherheitsrat dieses oder jenes Problem lösen könnte, sollte, müsste.

Zehra findet das interessant. Über den Tellerrand ihrer bisherigen Ortsgruppenarbeit bei der Jungen Union hinauszublicken und die Komplexität internationaler Wirtschafts- und Sicherheitspolitik kennenzulernen liefert neuen Gesprächsstoff unter altbekannten Freundinnen.

Es klopft. Eine Mitschülerin steckt den Kopf durch die halb geöffnete Tür. Dass sie draußen heimlich eine geraucht hat, weht mit dem Luftzug herein. »Zehra, unten steht ein Typ vorm Haus und will zu dir.« – »Wie? Hier? Wer?«

Noch bevor sie durchs Treppenhaus den Hof erreicht hat, stehen alle Mitschülerinnen und Lehrerinnen an den Fenstern …

»Ich bin wegen dir da.« Michael klingt tonlos, leise, ein bisschen ratlos.

»Was machst du hier?! Woher wusstest du …?«

»Du wirktest traurig in letzter Zeit. Ich weiß nicht, warum, aber ich dachte, ich muss dir diese Blume bringen«.

Er versucht ein Lächeln und streckt ihr die inzwischen leicht lädierte Geranie entgegen.

»Bist du verrückt?! Und warum qualmt es aus dem Auto da hinten?«

Michael dreht sich um. Ach, deshalb zog die Karre nicht richtig. Er ist offenbar die 110 Kilometer von Plattenhardt hierher mit leicht angezogener Handbremse gefahren.

»Zehra, ich möchte …«

Sie nimmt ihm das langstielige Blümchen ab und muss mit den Tränen kämpfen.

»Warum jetzt, warum hier? Du riskierst doch dein Leben, Menschenskind! Willst du nachher im Dunklen mit einem defekten Wagen die Serpentinen rauf und runter nach Hause fahren?«

In dem Moment kommt Schwester Franziska in wehendem Ordenshabit aus dem Haupteingang geeilt.

»Worum geht es, junger Mann? Fräulein Tayanc befindet sich im Unterricht, und ich muss Sie bitten …«

Jetzt erst erfasst sie die Situation und stockt. Zehra hält sich mit beiden Händen eine Geranie vors Gesicht, weil sie weint. Michael tritt verlegen von einem Bein aufs andere und bemüht sich um eine feste Stimme: »Dürfte ich mit Zehra etwa eine Stunde allein sprechen, bitte?«

Schwester Franziska blickt mit einer kurzen Kopfbewegung zur Fensterfront des mehrstöckigen Tagungshauses hinauf. Die »brave«, die muslimische, die Zehra Tayanc! Sie wird offenbar von einem unsterblich verliebten Romantiker überrumpelt. Das *wird* sich nicht erst wie ein Lauffeuer verbreiten, das *hat* sich bereits blitzartig in allen Kleingruppen des Simulationsspiels herumgesprochen! Alle lehnen an den Fensterbrettern, als wären es die Logenplätze eines Opernhauses.

Die Franziskanerin überlegt. Es gibt die Legende, der heilige Franz und die Nonne Klara seien sich mitten im Winter begegnet, hätten tapfer und sittsam Sehnsucht und Schmerz ertragen, und mitten im Schnee, zwischen den beiden, seien Rosen aufgeblüht.

»Wir kennen uns schon länger. Er ist extra aus Stuttgart …«, fängt Zehra an.

Schwester Franziska lächelt. Keine Rose, aber immerhin eine Geranie.

»Na gut. Eine Stunde. Geht mit Gott, Kinder.«

KAPITEL 3

# ’s Mädle ruhig hier schloafa lasse

Ob er nun »duftende Rose« oder »strahlend helle Blüte« bedeutet; ob er auf Mohammeds Tochter Fatima-Zahra oder auf eine Adlige im Osmanischen Reich zurückgeht – ihren Namen sprechen die Leute unterschiedlich aus.

Zehra? »Sechraah« sagen Mama und Papa. »’s kloine Serale« sagen die Nachbarn.

Einem Kind von zweieinhalb Jahren, wenn der Spracherwerb auf Hochtouren läuft, macht das wenig aus. Der Wohnortwechsel von Memmingen nach Plattenhardt auch nicht. Aber dass Mama nicht mehr in der Wäscherei eines Altenheims arbeitet, sondern neuerdings bei Bosch »schichtet« – das ist schon gravierender für ein Migrantenkind ohne Kitaplatz. Es bedeutet nämlich, je nach Schichtarbeitsplan, entweder morgens um 5.00 Uhr zur Tagesmutter nebenan gebracht oder spätabends nach 23.00 Uhr von dort abgeholt zu werden. Aus der Familie Helene und Heinz Müller-Bader. Vertrauenswürdige, unkomplizierte, urschwäbische Nachbarn, »die mich vom ersten Augenblick an ganz arg lieb hatten«, erinnert sich Zehra, »und bei denen ich anfänglich nur für ein paar Stunden gehütet werden sollte«.

Zehras Vater, Osman Haci Tayanc, gelernter Schreiner, arbeitet als Möbelmonteur und ist oft unvorhersehbar lange auf Liefertouren. Und so kommt unweigerlich jener Abend, an dem die Nachbarin Helene sagt: »Jetzt lass doch um Gottswille des Mädle do hanne schloafe.« Im Klartext: Zehra kann hier bei uns bleiben, solange sie will.

Daraus werden acht Jahre. Von ihrem dritten bis zum elften Lebensjahr lebt Zehra Tayanc wochentags die meiste Zeit bei den Nachbarn. Die haben eine elf Jahre ältere Tochter, und diese »Biggi betrachte ich bis heute als meine ältere Schwester. Sie hat auf mich aufgepasst, mir alles gezeigt, wir waren Hanni und Nanni, unzertrennlich. Sie wurde später die Patentante unserer Kinder, und wir haben zusammen ihre Mutter, meine Pflegemutter, vier Jahre lang bis zu ihrem Tod gepflegt«.

Viele Kinder aus Zuwandererfamilien wissen von der einen Person zu erzählen, die ihnen Deutschland geöffnet hat. Eine Lehrerin, eine Oma, ein Apotheker. Jemand, der nicht groß über »Integration« diskutierte, sondern einfach half, ermutigte, freundlich war.

Bei Müller-Baders wird vor jeder Mahlzeit gebetet: »Komm Herr Jesus, sei Du unser Gast und segne, was Du uns bescheret hast« oder auch »Segne, Vater, diese Speise. Uns zur Kraft und Dir zum Preise«. Vor dem Schlafengehen ebenfalls. Sorgfältig, innig, ernsthaft: »Ich bin klein, mein Herz mach rein, soll niemand drin wohnen als Jesus allein.«

Sonntags geht man in die evangelische Kirche zum Gottesdienst – »aber das Einzige, woran ich mich erinnere, ist, dass ich mal Kopfstand machen musste, weil ich ein ganzes Bonbon verschluckt hatte« –, und wenn der Kirchgang wegen dringender Arbeiten auf den Feldern oder der Obstbaumwiese nicht möglich ist, schallt im Wohnzimmer und Auto die Gottesdienstübertragung aus dem Radio.

Haben Zehras türkisch-muslimische Eltern denn nichts dagegen?

»Überhaupt nicht. Meine Pflegeeltern sagten: ›Es ist doch derselbe Gott, dem wir auf unterschiedlichen Wegen entgegengehen‹, und meine Eltern sagten: ›Wenn ihr schon so liebevoll und gut auf unser Kind aufpasst, dann darf sie auch mitkriegen, wie ihr den Glauben lebt.‹«

Bei vielen Zugewanderten aus türkischen Dörfern gelten die Deutschen als reich, aber »kalt«. Sie siezen sich ewig, lachen selten und laden einander kaum ein. Man tuschelt über Deutsche, die seit 20 Jahren Nachbarn sind, ohne je zusammen Kaffee getrunken zu haben! Umso größer ist die Freude über eine Familie mit Herz.

Bleibt noch das Problem mit den Schweinerippchen. Heinz Müller-Baders Lieblingsgericht. Auch Tochter Biggi liebt sie. Mutter Helene kocht sie.

»Aber gell, Serale, du darfsch des net.« Hält sich die Kleine an das Schweinefleischverbot? »Je nach Tagesform«, lacht sie im Rückblick, »erst, wenn ich mit meinen Eltern in den Ferien zu Verwandten in die Türkei fuhr und dort wochenlang halal gekocht und gegessen wurde, also islamisch korrekt, fiel mir der Unterschied auf.«

Natürlich gibt es auch in Plattenhardt die berühmte Erfahrung »Gott weiß alles, nur die Nachbarn wissen mehr«. Mancher verdreht die Augen oder schüttelt den Kopf, warum eine schwäbisch anständige Familie jetzt schon jahrelang so ein hergelaufenes Türkenkind aufnimmt. Aber Helene kann auch energisch sein: »Jetzt sag i dir mal was: Die oine betet so und die andere so. Aber's isch nur oi Vadder im Himmel, gell?!« Damit ist die Diskussion beendet, denn »meine Tagesmutter war tief religiös, aber das grundsätzlich Theologische und das Gemunkel der Leute waren ihr so was von egal! Gott war einfach Herzenssache, und Jesus hatte klar und einfach gesprochen. Punkt.«

Es sind die 80er-Jahre. Noch ist die öffentliche Meinung in Deutschland nicht von Populisten vergiftet, die kulturelles Befremden in rassistischen Hass umwandeln. Man spricht von Türken noch wie von Italienern, Spaniern, Jugoslawen.

Und Religion? Ach, das sind wunderliche Angewohnheiten, die sich schon geben werden.

Eine heile Bullerbü-Kindheit also für die aufgeweckte Zehra in ihren zwei Religionen und Familienkulturen? Keineswegs: »Meine Eltern haben mich ermutigt, auf die Realschule zu gehen. Meine Mutter sagte immer: ›*Ich durfte nicht,* ich hatte keine Möglichkeiten, meine Brüder hatten es mir verboten. *Aber du,* du musst was aus dir machen!‹«

Es gibt Menschen, die so was nicht als Ansporn, sondern als Druck empfinden und als Erwachsene lange brauchen, um die unausgesprochenen oder expliziten Beauftragungen ihrer Eltern abzuschütteln.

»Ich fand das überhaupt nicht falsch. Ich habe mir ihren Ehrgeiz zu eigen gemacht. Ich wohnte inzwischen wieder ganz bei meinen Eltern, strengte mich in der Realschule an, und weil meine Noten sehr gut waren, empfahl man mich fürs Gymnasium. Direkt in die nächste Klasse, ohne ein Jahr zu wiederholen. Ich hab mir in sechs Wochen Ferien alles in den Kopf gehämmert, was die anderen Kinder mir voraushatten.«

Der Sprung ist heftig. Mutter Tayanc geht jetzt neben ihrem Beruf als Schichtarbeiterin noch zusätzlich putzen, um Geld für Zehras Nachhilfestunden zu verdienen. Und für Klavierunterricht.

Schon am ersten Schultag im Eduard-Spranger-Gymnasium aber wird Zehra klar: Sie ist die einzige Türkin weit und breit. Und sie heißt fürs Erste auch so: »Die Türkin.« Gehört zu keiner der bereits bestehenden Gruppen, hat keine reichen Eltern, kein Outfit zum Staunen. Schluss, aus. Die Mädchen sind in der Pubertät. Stimmungsschwankungen, Anpassungsdruck, Konkurrenz, Neid, Eifersucht, Intrigen,

Cliquenbildung – das ganze Programm. Gute Noten schaden da nur. Der Ruf, eine Streberin zu sein, schadet erst recht. Zehra ist nicht »in«, und es gibt tausend Wege, sie das spüren zu lassen. Eine Verabredung, gemeinsam mit den Fahrrädern zur Schule zu fahren? Die anderen Mädchen kommen nicht zum Startpunkt. Sind aber schon am Ziel, als Zehra verspätet am Schulhof ankommt …

Sie wird gemobbt. Die Lehrer können das kaum ausgleichen. Zehra entwickelt »eine stille, tiefe, permanente Traurigkeit. Die anderen waren irgendwie alles Kinder von Unternehmern oder mittelständischen Gewerbetreibenden, leitenden Angestellten etc. Statussymbole waren wahnsinnig wichtig. Markenklamotten, die angesagten Styles und Moves – ich konnte da nicht mithalten. Zwei Jahre ging das so«.

Man muss kein Pessimist sein, um an dieser Stelle schlechte Schulnoten, exzessive Konflikte, wilde Abstürze, Autoaggressivität oder das Abrutschen in die Totalverweigerung zu befürchten. Manche Teenager geraten in solchen Phasen ihres Lebens an die falschen Kumpel.

»Das einzig Gute am Eduard-Spranger-Gymi war, dass im Ethikunterricht ein Junge aus der Parallelklasse neben mir saß, den die anderen irgendwie alle zu kennen schienen. Kein angesagter Feger, aber einer, der auch was für andere tut.« Zehra schätzt so was. Die beiden mögen sich auf Anhieb. Als Michael mal krank ist, sortiert sie ihm den Ethikordner. Kleine Gesten. »Knospen im Schnee«, hätte Schwester Franziska gesagt …

Und träumen ist ja nicht verboten. Mit diesem Jungen befreundet sein, richtig »zusammen« sein? Was würden die übellaunigen Zicken für Augen machen, was gäbe das für einen herrlichen Skandal unter den Mobberinnen, wenn ausgerechnet *sie*, die brave, die muslimische …! Ein Coup, eine Überraschung und ein Sieg von historischen Ausmaßen.

Aber immer wieder das Aufwachen. Wie tief die kulturellen Gräben sind, was ihre Eltern, was seine Eltern sagen würden. Wer überhaupt den ersten Schritt wagen würde. Hat sie es auch nur ansatzweise versucht? Natürlich nicht.

Zehras Selbstwertgefühl ist auf einem pubertären Rekordtief, ihre »Unterströmung permanenter Traurigkeit« zieht sie fort. Auch Michael ist momentan alles andere als ein Eroberer: »Ich war nicht gerade mit dem besten Körpergefühl gesegnet und obendrein in meiner Sinnkrise«, ergänzt er. »Ich zweifelte daran, ob mein ganzes politisches Engagement wirklich etwas bringt. Ich war extrem verunsichert, galt als netter, aber leicht müffelnder Nerd, als Fantasy-Computerspiele-Freak. Ich fand Zehra zwar toll, aber sie hatte irgendwann in einem Nebensatz fallen lassen, dass sie sicherlich nur einen Muslim heiraten dürfe. Damit war der Fall für mich gegessen, ich nahm das als endgültige Absage. Warum hätte auch ausgerechnet sie mich gut finden sollen? Ich hielt ja selber wenig von mir.«

Worüber plaudern die beiden dann miteinander?

»Über den Koran!«, lacht Zehra heute. »Michael war an Religionen interessiert, ja, aber mehr auch nicht. Als er hörte, dass wir einen deutschsprachigen Koran zu Hause besitzen, ist er einmal sogar zu uns gekommen. Da haben ihn meine Eltern und meine fünf Jahre jüngere Schwester flüchtig kennengelernt. Ein gutes Gespräch, aber unter Beobachtung. Wir fanden ihn alle sehr nett, aber wir verloren uns schnell wieder aus den Augen.«

Dafür gibt es einen einschneidenden Grund.

Als Zehra einer Freundin aus Grundschulzeiten von ihrem Schul-Elend erzählt, lädt die sie zu einem Schnuppertag an ihr Gymnasium ein.

St. Agnes – was heißt das? Nur Mädchen – wie geht das? In der Stuttgarter City – wie weit ist das? Alles beantwortet sich zu Zehras schönster Zufriedenheit.

»Ich war sofort total begeistert. Da wollte ich hin! Aber es ist erstens eine katholische und zweitens eine Privatschule. Kostet also Geld. Das meinen Eltern zu erklären schien unmöglich. Irgendwann hab ich mich getraut, sie zu fragen, ob ich die Schule wechseln darf.«

Papa Osman, der Möbelmonteur, und Mama Türkan, die Schichtarbeiterin, reagieren erstaunlich: »Eine Schule, in der gebetet wird, ist gut. Wir haben immer versucht, dir unseren Glauben nahezubringen, so gut wir konnten. Was du daraus machst, ist dann aber deine Entscheidung. Wann können wir mit der Rektorin sprechen?«

Die Rektorin ist eine Franziskanerin und trägt einen Habit, die dunkelgraue Kleidung ihres Ordens. Selten bewirbt sich eine Muslimin um einen Platz an ihrer Schule. Vieles geht ihr durch den Kopf vor diesem Gespräch: dass der heilige Franziskus von der Gewalt der Kreuzritter so entsetzt war, dass er sich verzweifelt ins Heerlager der Muslime begab, um zu reden. Dass Sultan al-Malik al-Kamil, ein gebildeter Mann, seine Waffenträger stoppte und mit dem seltsamen Mönch sprach. Ein christlich-islamischer Dialog mitten im Krieg. Dass der Sultan den Mönch mit Geschenken entließ und der Bitte, für alle Menschen zu beten, weshalb Franziskus als Gegner der Kreuzzüge aus dem Orient zurückkehrte und bis heute Angehörige aller Religionen sich zum Weltfriedensgebet in Assisi treffen.

All das kann Familie Tayanc noch nicht wissen. Auch ihre Tochter Zehra nicht. Aber die Rektorin weiß es. Sie ist bemerkenswert zuvorkommend, spricht mit Herrn und Frau Tayanc respektvoll und höflich, blättert erfreut durch Zehras bisherige Zeugnisse, schaut von den Papieren auf und sagt: »Katholischer Religionsunterricht ist bei uns Pflichtfach!«

Osman runzelt die Stirn. Türkan schaut zu Boden.

Osman blickt seine Tochter an. Ihre Augen sagen Ja.

»Ist Ihnen das recht?«

Tayancs nicken beide. Und unterschreiben.

Für 40 D-Mark im Monat.

Zehra kann sich in der Erinnerung an diese Szene ein Schmunzeln nicht verkneifen: »Was meinem Papa natürlich schon gefallen hat, dass es da eine Art Klosterpforte gibt, wo kein Fremder rein darf ...«

In den »drei letzten und besten Jahren meiner Schulzeit« schließt die 16-Jährige Freundschaften, die bis heute bestehen. »Es ging plötzlich nicht mehr darum, welche Markenjeans du trägst, welche Schuhe wozu passen und ob dein Haarschnitt cool ist. Sondern es ging darum, für welche Themen du dich interessierst und wie du über dieses oder jenes denkst. Es war auch okay, religiös zu sein. Mit mir hatten noch fünf oder sechs andere Mädchen die 11. Klasse begonnen, und wir Neuen wurden vom ersten Tag an ernst genommen.«

Es geschieht genau das, was sich alle Eltern für ihr Kind wünschen: Zehra blüht förmlich auf. Es geschieht aber auch etwas Unerwartetes: Ihr muslimischer Glaube wandelt sich von einer familiär vorgegebenen Traditionspflege zu einem selbst erworbenen, authentischen und persönlichen Glauben.

»Durch den katholischen Religionsunterricht entstanden bei mir tausend Fragen an meine eigene Herkunftsreligion. Ich las in der deutschen Koranübersetzung – Arabisch kann ich ja nicht –, löcherte meine Eltern bis zur Schmerzgrenze, und wenn unser Relilehrer am Ende einer Stunde fragte: ›Wie ist das denn im Islam?‹, dann sagte ich: ›Bis morgen weiß ich's!‹«

»In den letzten Jahren des 20. Jahrhunderts machte der heilige Franz von Assisi ein deutschtürkisches Mädchen muslimischer, als es vorher war« – so wird es in keinem Geschichtsbuch oder Kirchenlexikon stehen. Aber so war es.

Zehra meldet sich im Fach Religion zur mündlichen Abiturprüfung an und wählt das Thema: »Die Dreieinigkeit Gottes und die Rolle Jesu Christi darin«.

Der vorsitzende Prüfer ist natürlich nicht aus der eigenen Schule, sondern ein Externer. Er stellt seine gewieften Fragen unvoreingenommen, aber unerbittlich. Zehra pariert alle mit intellektueller Eleganz, argumentiert treffsicher, schlussfolgert konsequent.

Als die Prüfer sie nach einer kurzen Beratungspause ins Zimmer zurückrufen, hört sie das Ergebnis: »Sie sind doch muslimischen Glaubens, nicht wahr? Gerade beim Thema Trinität und seiner Begründung aus der Dogmengeschichte hätte ich erwartet, dass Sie in vielen Punkten ganz anderer Meinung sind.« – »Das bin ich auch. Aber Sie haben mich ja nicht nach meiner Meinung gefragt, sondern nach der kirchengeschichtlichen Herleitung und Begründung. Für mich persönlich, als islamisch Glaubende, geht Dreieinigkeit zwar nicht. Aber umso wichtiger ist doch, dass ich es verstehe.« »Dann sind Sie die erste Muslimin, die bei mir eine Eins in katholischer Religion bekommt. Herzlichen Glückwunsch!«

Zehras Lehrerin im Fach Gemeinschaftskunde informiert die Mädchen über die Jugendorganisationen der politischen Parteien und ermuntert sie, sich zu engagieren. Schließlich gehört auch »Erziehung zu einem Bewusstsein der Verantwortung gegenüber der Umwelt und der Schöpfung« zu den offiziellen Zielen »vom St. Agnes«, wie die Stuttgarter sagen.

»Wir verstehen uns als Wertegemeinschaft, die sich dem Evangelium und der Spiritualität des heiligen Franz von Assisi verpflichtet fühlt.« So steht es noch heute auf der Homepage des »Mädchengymnasiums St. Agnes« in Stuttgart.

»Deshalb wollte ich zuerst zu den ›Grünen‹, aber die hatten keine Jugendgruppe in den Filderstädter Ortsteilen. Dann wollte ich zu den Jusos, der Jugendorganisation der SPD, aber da tauchte zu einem offiziellen Termin keiner auf, und das gleich zwei Mal hintereinander! Zu unverbindlich, danke schön. Also ging ich zur Jungen Union, weil die sogar einen ›Arbeitskreis Frauen‹ und einen ›AK Umwelt‹ hatten. Dort traf ich Kirsten, etwa 15 Jahre älter als ich, abgeschlossenes BWL-Studium, drei Kinder. Sie pflegte ihre kranke Schwiegermutter, half ihrem Mann in der Firma – ein Kraftwerk, eine Powerfrau ohne Ende. Das hat mich sehr beeindruckt.«

Und noch jemanden trifft Zehra bei der Jungen Union wieder und ist von ihm beeindruckt: Michael Blume.

Er ist gerade zum Vorsitzenden des Stadtverbandes gewählt worden und bringt neuen Schwung herein. Ein Wiedersehen nach knapp zwei Jahren. Diesmal unter völlig anderen Vorzeichen. Als sie ihrer Pflegemutter einmal von ihm erzählt, spürt die lebenserfahrene Schwäbin, dass es gefunkt haben muss. Aber Helene ist halt auch bodenständig. Alles, was weiter als zehn Kilometer entfernt liegt, ist »woanderscht« und deshalb zweifelhaft.

»Woher is' der?«, fragt sie.

»Aus Sielmingen.«

»Mädle, en Sielminger?? Hasch' koin' aus Plattenhardt g'funda?«

KAPITEL 4

# Und jetzt?

Auf der Suche nach 60 Minuten Abgeschiedenheit in Oppenau an einem Spätnachmittag im Mai sind Zehra und Michael so aufgewühlt, dass ihnen die Realsatire des Augenblicks kaum auffällt: Die einzig geöffnete Kneipe im Dorf heißt »Gasthof zur Blume«.

Draußen rote Fensterläden, zwei Treppen von rechts und links zum Eingang Hochparterre, drinnen hinter der schweren Holztür im »Gastraum« ebenso schwer wirkende Holzstühle, Lehnen und Sitzflächen gepolstert, jeweils sechs um die weiß gedeckten Tische herum. Frische Wiesenblumensträußchen in den obligatorischen kleinen Glasvasen. An der Wand die Silhouette eines pflügenden Bauern hinter zwei Zugpferden. Eine Kunstschmiedearbeit aus geflämmtem Eisen. Die Fenster sind bis zur drei viertel Höhe von weißen Gardinen mit Spitzenbordüren verhängt, darüber an den Seiten wollene Stores, die von breiten Textilschärpen in eisernen Ösen an der Wand beiseitegehalten werden. Bis in jedes Detail hinein erfüllt dieses Restaurant das Klischee, »traditionell rustikal« zu sein und typisch für alte Dorfgasthäuser im Hochschwarzwald. »Urdeutscher geht's ja wohl nicht«, denkt Michael.

Zehra hat die Geranie. Er hat keinen Plan. Wie soll's jetzt weitergehen?

Sie setzen sich und nehmen die Speisekarte zur Hand: Ausschließlich italienische Küche! Antipasti, Minestrone, Pizza, Pasta, Pesce oder Carne. Zum Nachtisch Tiramisu oder Gelati. Ein schwarz gelockter freundlicher Kellner fragt: »Prego?«, und Michael erwidert verdattert: »Lasagne!« Zehra bringt momentan keinen Bissen herunter.

»Ich war völlig überwältigt von der Erfahrung, dass es ihm offenbar ernst war«, erzählt Zehra Jahre später, »und gleichzeitig verzweifelt, weil ich meine Eltern nicht in Schwierigkeiten bringen wollte. Wie man es auch dreht und wendet: In der deutschtürkischen Community spielen die Ehre der Familie, die Ehrbarkeit der Töchter und die korrekte Wohlanständigkeit aller Beteiligten eine Riesenrolle. ›Bewahre deine Ehre!‹ ist eine elterliche Mahnung, die ja nicht nur die physische Jungfräulichkeit einer Tochter meint, sondern viel früher beginnt: Ganz selbstverständlich merkte ich mir jeden Tag, mit wem ich wie lange und wo beisammen gewesen war. Wer noch alles dabei gewesen war, worüber wir gesprochen hatten. Weil ich meinen Eltern jede Stunde, die ich von ihnen unbeaufsichtigt verbrachte, lückenlos und wahrheitsgemäß wiedergeben wollte.«

»Das klingt für uns wie Stasi-Kontrolle«, merkt Michael rückblickend an, »und wird von vielen muslimischen Eltern paradoxerweise nicht mal verlangt! Es sind die Kinder, die dadurch ihren Eltern Vertrauenswürdigkeit beweisen und Sicherheit geben wollen. Weil doch sie, die Kinder, die verlässlichen Kundschafter sind in der neuen Welt.« – »So war's bei mir, genau so«, fährt Zehra fort, »und jetzt saß ich da im Irgendwo beim Italiener, hielt eine Geranie in der Hand, die vielleicht eine Liebeserklärung war – und der komplette Abiturjahrgang meiner Schule hatte es live mitgekriegt! Ich war lichterloh entflammt, brennend verliebt und völlig durcheinander. Aber ich sagte mir auch immer wieder: Es wird nicht gehen. Zwischen einer Muslimin und einem Atheisten kann es keine glückliche Verbindung geben.«

»Ich hätte das akzeptiert, dass Zehra mich ablehnt. Ich konnte aber nicht akzeptieren, dass sie wegen meiner Religionslosigkeit unglücklich ist. Ich war doch schon auf dem Weg zu Gott. Ich war schon auf der Suche, ich hatte mal gebetet, ich hatte Kontakt zu einem Pfarrer. Würde es für Zehra schwerer oder leichter, wenn ich in die Kirche einträte? Nur pro forma und zum Schein den Islam anzunehmen, wie es viele andere in solchen Situationen gemacht haben, kam für mich aber nicht infrage. Aus unserer oft leidvollen Familiengeschichte heraus lehnen Blumes jede Art von Heuchelei ab. Schon als meine Schulfreunde konfirmiert wurden, und manche es nur fürs Geld taten, hatte ich mir geschworen, niemals irgendeinen Glauben vorzutäuschen. Glauben ist etwas sehr Intimes. Wenn du ihn vortäuschst, zerstörst du deine Seele und dich. Aber was konnte ich konkret für unsere Liebe tun?«

Sie reden. Auch über ihre Ratlosigkeit. Und darüber, ob Hoffnung erlaubt ist. Als Zehra erzählt, dass die Politiksimulation im Schullandheim morgen zu Ende geht und sie in drei Tagen mit ihren Eltern in die Türkei fliegen wird – es winken die Pfingstferien –, da bietet Michael an, die Familie zum Flughafen zu fahren. »Mit völlig gelöster Handbremse, versprochen.«

Der Kellner kommt zum Kassieren. Die Lasagne steht völlig unberührt auf dem Tisch. Sie ist kalt. Keinem von beiden war das im Eifer des Gesprächs aufgefallen. Die bisher zur Schau getragene Freundlichkeit des Gastwirts schlägt angesichts der achtlos liegen gelassenen Mahlzeit in eine sehr italienische, in eine fast sizilianische Verärgerung um.

Michael zahlt. Zum Abschied, am Schullandheim, wagt er es, Zehra einen Kuss auf die Stirn zu geben. Sie lässt es zu.

»Mir war in dem Moment klar: Ich werde diese Frau heiraten.«

KAPITEL 5

# Zwei gegen den Rest der Welt?

Entgegen dem Klischee wird Zehra Tayanc nicht über Nacht entführt und auf einem anatolischen Dorf mit einem 60-jährigen Ziegenzüchter zwangsverheiratet. Ihre Eltern reagieren besorgt, aber verständnisvoll, dass sie jetzt einen deutschen Freund hat. Ganz realistisch ahnen sie, dass ihre Tochter einen gebildeten und modernen Partner anstreben wird – und Türken mit deutschem Abitur gibt es erst wenige. Woher kommt dieses Verstehenkönnen? Hintergründig sicherlich aus ihrem Charakter, vordergründig vielleicht ja auch vom Wohlfühlfaktor eines Urlaubs in der alten Heimat.
Heimat?

Es ist Mai '96 und es wird noch etwa 20 Jahre dauern, bis man den Begriff »Heimat« deutschnational aufgeladen als trutzigen Kampfbegriff der Ausgrenzung benutzt, als buchstäbliches »Schlag-«Wort gegen Migranten und Andersgläubige. Sicher, die »Vertriebenenverbände« – alt gewordene Kinder und Enkel von deutschen Kriegsflüchtlingen – reden und singen alljährlich fahnenschwenkend und tränenumflort von Schlesien, Ostpreußen oder Sudetenland als ihrer eigentlichen »Heimat«, aber vermutlich möchte kaum jemand von ihnen ernsthaft ins mittlere Osteuropa zurückkehren. Ansonsten aber hält es noch kein vernünftiger Mensch für möglich oder gar nötig, deutsche Bier- und Wurstsorten, Blasmusik, Volksfeste und Trachtengruppen von einem »Heimatministerium« hoheitsrechtlich schützen zu lassen.

»Heimat«, das ist ein eigenes Genre sentimentaler Kinofilme aus den 50er-Jahren, ein inflationär viel besungenes Hauptwort ungezählter Volksmusikschlager, ein Substantiv aus TV-Werbespots für Fertighäuser, Einbauküchen und Tütensuppen. Ernst genommen wird der Begriff als dritter Teil mehrerer bewegender Fernsehfilme von Edgar Reitz. »Die zweite Heimat« heißt der aktuelle Film und spricht auch jene an, die in Deutschland eine zweite Heimat fanden. Wie Türkan und Osman Tayanc zum Beispiel.

Nun lässt sich diejenige Heimat am leichtesten lieben, loben, verklären und besingen, in der man gar nicht lebt. Deshalb funktioniert die »alte«, die »ferne« Heimat als Sehnsuchtsort und Traumziel am besten dann, wenn sie bitte alt und fern bleibt. Wie die Türkei zum Beispiel.

In deren unendlichen ländlichen Weiten zwischen Kaukasus und Levante hat die Mehrheit der Bewohner kaum mitbekommen, welche kulturellen, sozialen und politischen Entwicklungen junge Leute in den modernen Millionenstädten Ankara, Izmir oder Istanbul erleben und vorantreiben. Der urbane türkische Intellektuelle dort ist oftmals »moderner« als seine Altersgenossen in Deutschland. Die Alltagskultur, die Denk- und Lebensweise junger Muslime im fernen Almanya schwankt nämlich zwischen der Sehnsucht nach Anerkennung und trotziger Abgrenzung. Jede Familie handelt da ihren eigenen Weg aus. Es gibt 1996 noch kein Internet für alle und es gibt auch noch keinen Präsidenten Erdogan.

Herr und Frau Tayanc sind gerne in ihrer »alten Heimat«. Im Urlaub, wohlgemerkt. Wo alle wissen wollen, wie es in »Almanya« denn so sei. Und wie so viele Deutschtürken verteidigen die Tayancs ihre neue Heimat – Deutschland – gegen die negativen Klischees in der alten.

Drei Tage nach der Liebeserklärung von Oppenau sitzt Zehra mit ihren Eltern in einem Flieger nach Ankara. Ein großer Segen. Es bedeutet nämlich zwei Wochen Pfingstferien, 14 Tage Abstand, einen halben Monat Bedenkzeit.

»Natürlich hatten meine Eltern sofort gemerkt, was los ist. Erst Michaels Auftritt mit der Geranie, dann sein Shuttle zum Flughafen, schließlich meine unübersehbare hochemotionale Verfassung. Aber wir einigten uns ohne jedes Drama auf eine Art Gentlemen's Agreement: Da gibt es eine Freundschaft, nun gut. Später. Jetzt kehrt erst mal Ruhe ein. Und dann, zu Hause in Plattenhardt, machst du dein mündliches Abitur. Und bewahrst, wie bisher auch, die Ehre der Familie.«

Die Abmachung ist stumm, aber sie hält. Es ist Mutter Türkan, genannt Anne (türkisch »Mama«), die während eines unbeobachteten Moments im Büro ihres Bruders augenzwinkernd erlaubt, dass Zehra mit Michael telefoniert …

Entgegen dem Klischee fröhlicher Frauensolidarität reagieren manche Mädchen in Michaels Umfeld sehr alarmiert. »Kaum war ich wieder zu Hause und die Neuigkeit unserer Freundschaft hatte sich rumgesprochen«, erinnert sie sich, »nahm mich eine beiseite und sagte: ›Das beendest du jetzt aber mal ganz schnell hier! Der Michael gehört zu uns, ist das klar?‹«

Keine von ihnen hatte es je ernsthaft auf ihn abgesehen. Für Flirt-Attacken und eindeutige »Anmache« war Michael irgendwie kein geeignetes Ziel gewesen. Aber jetzt ist er schlagartig Auslöser flammender Eifersucht? Als wäre er ein praktisches Möbelstück, das niemand entfernen darf? Zehra, die emblematisch »Brave« ihrer Klasse, wird plötzlich heimlich beneidet und unheimlich angegangen, so als hätte sie eine Trophäe erbeutet, die anderen zusteht?

Die beiden sind irritiert und verletzt. Für das, was unsere bildmächtige Umgangssprache »Stutenbissigkeit« nennt, ist Zehra tatsächlich zu brav.

Dass es Hahnenkämpfe und Platzhirschgetue auch in der weiblichen Variante gibt, ist Michael neu. Er ist aus seiner Kumpel-und-Helfer-Rolle ausgebrochen, ohne vorher zu fragen. Damit riskiert er sein Ansehen. Alte Vertrautheiten zu Freunden werden zweifelhaft, wohltuende Nähe weicht kühler Distanz. Die beiden haben einander gewonnen und müssen feststellen, damit manch andere vielleicht zu verlieren.

Die versteckten oder unverhohlenen Bedenken und Warnungen mancher Vereins- und Schulfreunde lassen in Michael aber etwas reifen, was er im Rückblick »Entscheidungsmut« nennt: »Klar, viele haben schnellfertig gesagt ›Das klappt nicht‹, ›Das wird nix‹, ›Lass die Finger von der‹. Aber meine Entscheidung für Zehra fiel ja zeitgleich in die Phase, in der ich meinen Sprung in den Glauben wagte. In der ich mit Christinnen und Christen sprach, die mich beeindruckten. Und gerade durch das Lesen der Gebetstexte in der Bibel, der Gleichnisse und Gespräche des Jesus von Nazareth gewann ich nach und nach das Standing, zurückzufragen: ›Und du? Hältst dir alle Optionen offen, oder was? Legst dich nie fest? Hast Affären, aus denen sich dann zufällig mal die Partnerschaft fürs Leben ergeben soll? Nee, Freunde, das ist ein Leben auf der Standspur. Das finde ich wie Autofahren mit der angezogenen Handbremse des ewigen Vorbehalts. Klar kann es schiefgehen! Aber ewiges Offenhalten etwa nicht?‹ Ich entschied mich: für den Schulabschluss, für die Bundeswehr danach und für Zehra als Frau fürs Leben. Ich habe von mir aus zu keinem meiner Freunde den Kontakt abgebrochen, aber ich habe einigen sehr deutlich gemacht, dass das *mein* Leben ist. Und dass ich nicht vorhabe, es ängstlich zu leben.«

Entgegen dem Klischee, Eltern müssten die Verliebtheiten ihrer heranwachsenden Kinder im Schulalter nicht wirklich ernst nehmen, nehmen Marlis und Falko Blume ihren Sohn und seine deutschtürkische Freundin durchaus ernst, als er sie zum ersten Mal zu Hause vorstellt. Zehra findet Familie wichtig und zeigt das auch deutlich. Vor allem Großmutter Elisabeth Horn, Michaels Oma mütterlicherseits, ist vom Fleck weg angetan von der aufgeweckten Abiturientin im Sommerkleid.

»Mensch, da haste aber 'ne Hübsche abgekriegt«, entfährt es Vater Blume.

»So als hätte er mir das gar nicht zugetraut«, denkt Michael zufrieden.

Das mündliche Abitur im Frühsommer '96 verläuft für Michael im Eduard-Spranger-Gymnasium Filderstadt und für Zehra an der St.-Agnes-Mädchenschule Stuttgart genauso erfolgreich wie die schriftlichen Prüfungen Wochen vorher. So wie damals vorhersehbare Fragen aus den geheimnisumwitterten Umschlägen gezogen worden waren, stellen die Prüfer jetzt Fragen, auf die vor allem Zehra bestens vorbereitet ist. Die Ergebnisse sind exzellent.

Den Termin für das Ziehen von Weisheitszähnen hat sie sorgfältig auf die Tage nach den Prüfungen und vor den Beginn ihrer Berufsausbildung gelegt. Die Abiturzeugnisse sind noch nicht da, die Zukunft ist offen. Zwischenzeit. Normalerweise Zeit zum Feiern. Michael holt seine Freundin vom Kieferorthopäden ab. Ihre Wangen sind blau und geschwollen. Die Schmerzbetäubung lässt gerade nach. »Ich sah aus wie ein Feldhamster und war noch halb anästhesiert«, erzählt sie. Weil sie nicht reden kann, schreibt sie auf kleine Zettel. Und obwohl Michael reden könnte, antwortet auch er so. Schriftlich, auf kleinen Zetteln. Es ist ein Spiel. Sie entdecken, dass man auch in wenigen Worten viel sagen kann. Ein intensives Gespräch im Auto bei amüsiertem Schweigen.

Ungeplant, ehrlich spontan, kritzelt Michael plötzlich: »Willst du mich heiraten?«

Zehra liest es und schluckt. Ihr kommen die Tränen. Weint sie wegen der nachlassenden Betäubung? Auf ihrem Zettel entsteht eine Gegenfrage:

»So, wie ich jetzt ausseh'?«

»Genau so!«, antwortet Michael.

Heute, wenige Jahre vor der Silberhochzeit, weiß er von sich, dass es irgendwo in den unergründlichen Tiefen des Unbewussten ein für ihn ganz typischer und durchaus »passender« Moment war: »Es war ein Moment der Verwundbarkeit. Ein Moment, in dem wir angewiesen waren aufeinander. So wie es mich abgestoßen hatte, als meine frühere Freundin den Obdachlosen verachtete, packte mich jetzt der Gedanke, dass wir füreinander da sein müssen, wenn wir unansehnlich und hilfsbedürftig sind. Eigentlich hatte ich an ein schickes Restaurant gedacht. Der Klassiker. Aber als ich Zehra leiden sah, gab es kein Halten mehr.«

Zehra lächelt versonnen. »Das ›Ja‹ wollte ich unbedingt sprechen. Aussprechen! Es war zugleich wunderschön und echt schmerzhaft. Beim Umarmen mussten wir sehr vorsichtig sein. Wegen der schmerzenden Hamsterbacken. In einem Restaurant wäre ja nur wieder die Lasagne kalt geworden.«

KAPITEL 6

# Sinnkrise und Weihnachtsbaum

Michael Blume ist am Gymnasium Filderstadt in der achten bis zehnten Klasse einer jener Schüler, der weder die damals angesagten »Diesel«-Jeans noch schultergepolsterte Flieger-Blousons trägt. Modisch kann er mit den Pubertierenden aus den Daimler-, Bosch-, Stihl- und Festo-Ingenieursfamilien des Stuttgarter Speckgürtels nicht mithalten. Sein Vater trägt in aller Herrgottsfrühe Zeitungen aus, bevor er zur Arbeit geht. Weil der Junge weder evangelisch noch katholisch getauft ist, darf er sich ab 14 vom pflichtgemäßen Religionsunterricht abmelden und stattdessen das Fach »Ethik« belegen.

Wie alle Teenager will Michael bei seinen Kumpels »dazugehören«, will »in« sein, kein Außerirdischer. Und die Irdischen, jedenfalls die evangelischen, gehen gerade in den Konfirmandenunterricht.

»Wann is'n das?«

»Freitags, 'ne Stunde.«

»Und was macht ihr da?«

»So tun, als ob es uns bockt.«

»Was?«

»Die Sache mit Gott, Kirche, Soziales und so Zeug halt.«

»Kann ich da mal mitkommen?«

»Bist du wahnsinnig?!«

»Wieso, darf ich nicht?«

»Doch, aber es ist ster-bens-lang-wei-lig!«

»Warum gehst du dann hin?«

»Wegen der 2000 Mark.«

»Hä?«

»Von Oma. Mindestens. Und von den Eltern. Ich mach das für die Kohle bei der Konfirmation, kapiert?!«

Michael ist schockiert. Jetzt versteht er, wen sein Vater meinte. Kam das Gespräch auf Kirchgänger oder besonders fromme Nachbarn, murmelte der schon mal: »Alles Heuchler.« Vielleicht zum ersten Mal im Leben entscheidet sich Michael spontan und intuitiv, keinen »Glauben« vorzutäuschen, um damit Geld, Geschenke oder irgendwelche Vorteile zu erzielen. Nicht mal Interesse am Glauben will er heucheln. Statt zum Konfirmandenunterricht geht er mit 14 in die »Junge Union«, die Jugendorganisation der CDU, Ortsverein Filderstadt. Warum dorthin?

»Mein Vater galt in der DDR als unerwünschte Person, weil ihm als Soldat der Nationalen Volksarmee Fluchtpläne unterstellt wurden, er im Militärgefängnis gesessen und einen Ausreiseantrag gestellt hatte. Man wies ihn aus. Und er durfte nie mehr zurück. Das hieß für uns als Familie: Weihnachten feiert man entweder mit Papa hier zu Hause oder mit dem Rest der Verwandtschaft in der Altmark, nahe Magdeburg. Jeweils zweijährig im Wechsel haben wir das so gemacht. Als Kind bekam ich bei diesen Ost-Besuchen hautnah mit, wie dankbar die Großeltern und Onkel, Tanten, Nichten und Neffen waren, wenn wir gute Klamotten, verbotene Bücher, vor allem aber Lebensmittel hinüberschmuggelten. Aber wie unterschwellig demütigend es auch ist, immer nur der Beschenkte zu sein. ›Euer Kaffee ist die Krönung, unser Kaffee ist der Gipfel‹, sagten die immer. Der Bruder meiner Mutter durfte in der DDR keine Karriere machen, weil er der Schwager (!) eines ausgereisten Dissidenten war. Da denkst du über Rechtsstaat noch mal neu nach.

Mein Vater sprach die Weihnachtsgrüße an die Großeltern auf Kassetten. Die schmuggelten wir mit, spielten sie ihnen vor, und dann weinten wir unterm Weihnachtsbaum! Diese Wut im Angesicht der Unfreiheit – und die hohe Wertschätzung von Freiheit: Beides hat sich mir eingeprägt. Die CDU stand bei mir erst mal für Freiheit und Marktwirtschaft, aber eben nicht so protzig wie die FDP, sondern für eine soziale Marktwirtschaft, die auch die kleinen Leute mitnimmt. Und sie hatte den Traum von einer Wiedervereinigung nie aufgegeben.«

Aber ist die baden-württembergische CDU Ende der 80er-Jahre nicht ein bräsiger Altherrenverein, dessen Galionsfiguren in Schwarzwälder Dorfgasthäusern bei »Roschtbrate mit Spätzle« und einem Viertele Trollinger lukrative Personalstellen und kommunale Bebauungspläne auskungeln? Wie attraktiv kann das für einen Teenager sein, sei er auch noch so interessiert?

»In der Klasse war ich damit uncool, ja. Oder noch uncooler als vorher. Aber diese Politikverdrossenheit, diese Das-geht-mich-nix-an-Haltung meiner Mitschüler – und mancher Lehrer –, die befeuerte ja gerade mein Engagement! Wenn über die Demokratie gejammert wurde, bin ich die Decke hoch. ›Ihr wisst ja gar nicht, wie wertvoll Freiheit ist. Gewissensfreiheit, Versammlungsfreiheit, Religionsfreiheit. Ich hab in der DDR gesehen, wie es ist, wenn sie fehlt. Und wenn die Freiheitsrechte erst mal weg sind, gibt sie die Staatsmacht auch nicht mehr her. Demokratie bekommt man nicht umsonst, die muss man leben!‹ Solche Sachen hab ich gepredigt. Und in jugendlicher Selbstüberschätzung wollte ich natürlich die CDU moderner machen. Kulturell bunter, weiblicher, auch umweltbewusster. Der Tschernobyl-Schock vom April 1986 wirkte ja noch nach. Die Grünen waren mir zu links, die sahen auf Leute herab, die

Heimat suchten. Ich war – vielleicht ohne es bereits benennen zu können – eher wirtschaftsliberal und für mehr Zivilgesellschaft statt mehr Staat.«

In den Kleinstädten und Dörfern rund um den Stuttgarter Flughafen war es immer schon und ist es immer noch schwer, *nicht* »wirtschaftsliberal« zu werden. Zumindest ein bisschen: Wo regionale Handwerker- und Haushaltsgeräte-Messen allen Ernstes »schwäbischer Fleiß« heißen. Wo nicht nur Weltfirmen, sondern vor allem Tausende kleiner Mittelständler für üppige Gewerbesteuer-Einnahmen sorgen. Wo Infrastruktur und öffentliche Einrichtungen meist gut ausgestattet dastehen. Der Spruch von den »Zebrastreifen aus Marmor und goldenen Wasserhähnen im Rathaus« ist übertrieben, sicher. Aber die Arbeitslosigkeit liegt vielerorts unter 5 Prozent, und wer über seinen Arbeitgeber meckert, dem wird entgegnet: »Halt dei Gosch, schaff halt beim Bosch!« Das dichte Netz von Integration, von qualifizierten sozialen Diensten und niveauvollen kulturellen Angeboten wird von Vereinen, Kirchengemeinden, vor allem aber von Stiftungen ermöglicht: In gut pietistischer Tradition zollt man Gott den Dank für allen wirtschaftlichen Erfolg, indem man spendet und stiftet.

Gymnasiast Blumes grundsätzliches Vertrauen in solcherart Marktwirtschaft wird selbst dann nicht erschüttert, als Helmut Kohls Vereinigungsjubel vom 3. Oktober 1990 durch Misstöne getrübt wird. Knirschgeräusche ausgerechnet aus dem Musterländle: Ministerpräsident Lothar Späth hatte die Firma SEL beauftragt, alle Landesbehörden mit Faxgeräten auszustatten. Ohne öffentliche Ausschreibung tat er das und war vom Firmenchef dafür mit einem Jacht-Urlaub zu den Inseln der Ägäis belohnt worden. Die Kosten des Segeltörns, inklusive Nutzung des SEL-Privatflugzeugs, waren als Betriebsausgaben anerkannt worden. Am 28. Dezember 1990 steht die Kungelei in der »Südwestpresse«, am 13. Januar 1991 tritt Landesvater Lothar Späth zurück. Dass »Freiheit« nicht gleichbedeutend sein sollte mit »moralfreier Wirtschaftsfreiheit« – das immerhin lässt sich aus dem Vorfall lernen. Die Leute rühmen Lothar Späth zwar als »Cleverle«, aber Regeln gelten nun mal für alle. Amigos duldet man eher im barocken Bayern als im strengen Südwesten.

Michael Blume wird dank seines Eifers und seines Redetalents Ortsvorsitzender der Jungen Union, bevor er das erforderliche Alter von 16 Jahren erreicht hat. Wenig später wird er Kreisvorsitzender. Und schließlich »Jugendgemeinderat«, der jüngste im Rathaus des Ortes. Man organisiert Themenabende, lanciert Umwelt-Checks – »wo geht bei McDonald's der Müll hin?« –, besucht Nachtschicht-Arbeitende an ihrem Arbeitsplatz, veranstaltet Oldie-Nights mit Eltern, DJ-Partys für die Unter-20-Jährigen, witzige Modenschauen, und natürlich macht man Werbung für die CDU. Sein Abitur schafft Michael trotz all der zeitraubenden Nebentätigkeiten und einer miesen Sportnote ganz ordentlich.

Aber: Eigentlich ist er während dieser letzten zwei Schuljahre unzufrieden. Unzufrieden mit sich und der Welt. Noch Kind genug, um sich bei der nächtlichen Lektüre von Fantasy- und Science-Fiction-Romanen in siegreiche Helden und Bezwinger alles Bösen hineinträumen zu können. Aber schon erwachsen genug, um zu wissen: In der Realität helfen keine Laserschwerter und keine dienstbaren Drachen. Den verhungernden Kindern in Afrika jedenfalls nicht, deren fliegenumsäumte Augen und aufgeblähte Bäuche er in der *Tagesschau* sieht.

Michael spielt mit Schulfreunden Computerspiele wie »Bards Tale« oder »Ultima VII«, gern auch Rollenspiele wie »Dungeons & Dragons«, liest mit geröteten Wangen von den Rittern der Tafelrunde und der Suche nach dem Heiligen Gral, dem Abendmahlskelch Jesu. »Aber auch der tapferste Lancelot wird irgendwann sterben und ein Parzival funktioniert nur, wenn er in etwas hineinfallen kann, das größer ist als er selbst. Das merkte ich oder empfand es plötzlich so. Ich rutschte zwischen 16 und 18 in eine Art postpubertäre Melancholie hinein. Ausgelöst und wirksam gehalten von einer echten Sinnkrise.«

Nicht nur der Spaß am Spiel nimmt ab. Auch der Drang, »die Welt im Kleinen zu verbessern«, erlahmt nach und nach: »Während wir uns hier für bessere Fahrradwege oder Billardtische in Jugendhäusern einsetzen, verhungern Menschen, werden in Uganda Straßenkinder an Pumpguns und Handgranaten ausgebildet, werden in Liberia und Sierra Leone den Müttern die Hände abgehackt, wenn sie zur falschen Volksgruppe gehören. Was hat mein ganzes lokalpolitisches Engagement dann für einen Sinn? Gerade weil ich ja noch nicht an ein Leben nach dem Tod glaubte, erschien mir jedes sterbende Kind als eine Absage ans Weiterleben. Wofür denn, wenn du es doch nicht ändern kannst? Und eines Nachts war es dann so weit: Ich habe geheult und gebetet.«

Gebetet?

»Warum und zu wem genau ich betete, kann ich im Nachhinein gar nicht sagen. Ich hatte das Gefühl, nicht ›etwas‹ finden zu müssen, sondern von ›jemandem‹ aufgefangen zu werden. Das war eine noch völlig diffuse Ahnung von Gott, aber es war schon die Erfahrung: Du brauchst nicht was

Plausibles, sondern etwas Personales. Gott, Allah, ein übermenschliches Wesen, jemanden, der zuhört und versteht. Ich stürze gerade ab, ja, aber bitte nicht in irgendwelche kalten Gedankensysteme, sondern in ein Gegenüber! Diese Nacht hat meine Sinnkrise aber auch nicht schlagartig beendet. Ich wachte auf und dachte: Sie sagen dir, du bist ein Junge-Union-Funktionär mit Potenzial, na gut. Aber du kannst noch so viele Ortsvereinssitzungen abhalten, Aktionen anzetteln und noch so viel powern neben der Schule – das bewirkt so gut wie gar nichts. Du wirst diese Welt niemals zu einem gerechteren Ort machen.«

Die ganze Welt sicher nicht. Aber vielleicht ja Plattenhardt und Sielmingen? Immer öfter lungern dort zwischen Sparkasse und Rathaus türkische und albanische Jugendliche herum und machen das Gegenteil der Aktion »Unser Dorf soll schöner werden«: Sie machen Müll, Lärm und kreativen Blödsinn. Ein genervter Ladenbesitzer spricht Michael an: »Du bist doch Jugendgemeinderat. Die brauchen einen Platz, einen Ort für sich. Willst du nicht mal mit denen reden?«

»Relativ planlos ging ich zu ihnen«, erinnert sich Michael, »und weil muslimische Teenager alle Deutschen für Christen halten – so wie die meisten Deutschen alle Türken für Muslime halten –, fragte auch gleich der Erste: ›Du bist Christ, stimmt's?‹ Und ich: ›Äh, nöö, wieso?‹ Verblüffte Pause. Und dann:

›Warum stellt ihr euch im Dezember Tannenbäume in die Zimmer?‹ Ich war baff.

›Seid ihr blöd oder was? Die nadeln doch, die harzen, die sterben ab.‹ Ein anderer meldete sich: ›Na ja, wahrscheinlich, weil da der Weihnachtsmann runterklettert. Hab ich mal in 'nem Film gesehen.‹

Auf vieles weiß Michael sonst eine Antwort. Diesmal ist er ratlos. Warum gibt es auch bei ihm zu Hause einen Weihnachtsbaum? Er sucht und findet eine Bibel im Haushalt Blume. Aber so ausdauernd er auch blättert und liest – es gibt kein Gebot »Du sollst einen Weihnachtsbaum aufstellen!«.

Es gibt aber eine junge Frau in der Jungen Union, die ihm einen »echt coolen Pfarrer« empfiehlt: »Der unterrichtet doch evangelische Religion an deiner Schule und kennt sich außerdem noch mit Computern aus«: Gerrit-Willem Oberman von der Evangelischen Petrus-Gemeinde in Bernhausen. »Die machen zwar eine super Jugendarbeit, erreichen aber die ausländischen Kids auch nicht. Erst recht nicht die muslimischen. Frag den doch mal nach den Weihnachtsbäumen.«

Womit sie Michael den unverfänglichen Grund liefert, einen Pfarrer zu kontaktieren. Der spricht mit einem Akzent, den Michael noch nirgends hörte: seltsam holländisch-amerikanisch gefärbt. Im Gespräch kommt er zügig von den vordergründigen Themen einer städtisch-kirchlichen Jugendarbeit für Migrantenkinder zu den hintergründigen Glaubensfragen des erstaunlich belesenen Schülers. »Michael suchte bei mir keine spirituelle Erfahrung, er hatte offenbar bereits eine gemacht. Er wollte und konnte darüber reden und suchte nach ihrer Deutung! Das erlebt man als Pfarrer nicht oft.«

Gerrit-Willem Oberman ahnt nicht, welche Gleise sich in diesem Moment kreuzen und welche Weichen er für diesen gefrusteten Schüler und seine deutschtürkische Freundin noch stellen würde.

KAPITEL 7

# Wie sagen wir's den Eltern?

»Wenn es okay ist, spreche ich jetzt mit deinen Eltern.«, meint Michael in beinah grimmiger Entschlossenheit. Er zündet den Motor, steckt die Zettel weg. Die Fahrt vom Kieferorthopäden nach Hause geht weiter.

Zehra nickt. Ihr wird mulmig, als sie mit zitternden Händen ihre Haustür öffnet und treppauf in ihr Zimmer geht. Sie kann unmöglich sprechen, kann nichts erklären, muss sich hinlegen. Ausgerechnet jetzt. Hat sie wacklige Knie wegen der nachwirkenden Narkose oder wegen der Tatsache, dass Michael unten gerade ins Wohnzimmer geht und nach ihren Eltern ruft? Dass er das alleine schaffen müsste, hatte er vor lauter Spontaneität nicht bedacht.

»Baba und Anne? Habt ihr einen Moment Zeit?«

Die vertraute Anrede ist ein unmissverständliches Signal, dass etwas Außerordentliches ansteht. Zehras Eltern begrüßen ihn, freundlich, aber auch verwundert, fragen nach Zehra, nehmen erwartungsvoll Platz. Vater Osman knetet seine Finger, Mutter Türkan nestelt ein Häkeldeckchen zurecht.

»Baba, eigentlich müsste dich mein Vater fragen, was ich dich jetzt fragen werde. Das weiß ich. Entschuldige bitte, wenn ich es selbst tue.«

Osman hebt überrascht die Augenbrauen und beugt sich im Sessel vor. Versteht er richtig? So schnell? Die beiden sind doch erst drei Wochen ein Paar. Er hat gehört, dass Deutsche jahrelang warten. Und dann oft doch nicht heiraten.

»Ich liebe deine Tochter. Ich bin mir sicher, dass ich sie heiraten will. Ich möchte für immer mit ihr leben und bitte dich um deinen Segen.«

Stille. Eine Stille, die wir umgangssprachlich »Schrecksekunde« nennen, obwohl sie minutenlang sein kann und gar nicht wirklich geräuschlos ist. Osman zieht die Luft durch die Nase ein, Türkan raschelt mit Decken und Kissen. Vor dem Fenster im Garten rätscht eine Elster. Herr Tayanc ist gleichzeitig überrumpelt und positiv überrascht, lehnt sich wieder zurück und fragt: »Du willst ein Ehemann sein, soso. Aber was glaubst du?«

Michael fährt es in den Magen. Meint Osman »Was glaubst du eigentlich, wer du bist?« oder meint er »Woran glaubst du?«?

»Bist du gläubig?«, setzt Zehras Vater nach, »Bist du ein Christ?«

Michaels Adrenalinzufuhr schaltet auf Höchstleistung. Ist das jetzt die K.O.-Frage? Kann es nun mal, Schlussausvorbei, keinen väterlichen Segen geben für eine christlich-muslimische Verbindung? Oder will er nur wissen, auf welcher Grundlage Michaels ethische Prinzipien stehen, woran er sich moralisch gebunden fühlt? Kommt jetzt die Forderung, zum Islam zu konvertieren?

Wieder vergehen ein paar lange Sekunden gespannter Stille.

»Äh … ja. Ich bin auf dem Weg. Ich bemühe mich gerade darum, ein Christ zu werden. Und ich achte auch eure Religion.«

Mutter Anne steht auf. Sie hat Tränen in den Augen, legt Michael die Hand auf die Schulter und sagt: »Oğlum.«

Michael weiß noch nicht, dass das »mein Sohn« heißt. Ein Ehrentitel und Kosename mit dem Gewicht einer Quasi-Adoption.

»Du betest ja auch, Michael. Das hat mir Zehra schon erzählt. Hör, Osman«, sie wendet sich an ihren Mann, »was sollen wir mit einem Türken, der vielleicht heimlich säuft oder seine Frau schlägt? Michael ist kein Muslim, aber er macht keine krummen Sachen, er verhält sich so, wie ein Mann sich verhalten sollte. Also wenn du mich fragst – ich nehm ihn als Schwiegersohn.«

Osman ist eingekreist von Menschen, die lieben.

»Dann ist es in Ordnung. Ich stimme zu«, sagt er, und sein Lächeln wächst zu einem veritablen Grinsen übers Gesicht. Die beiden Männer umarmen sich.

»Hat mein Junge denn überhaupt schon was gegessen?« Anne Tayanc strebt in einer erleichterten Übersprunghandlung in die Küche, »Zehra wird ja noch nichts essen dürfen, vermute ich«. So also funktioniert das muslimische Patriarchat, denkt Michael. Er geht nach oben, um nach der Frau mit dem geschwollenen Gesicht zu sehen. Die seine Frau werden wird. Jetzt hat er keine Angst davor, es auch seiner eigenen Familie zu sagen.

Gegenwind kommt aus ganz unerwarteter Ecke, kaum dass sich ihr Heiratsversprechen herumgesprochen hat: Entgegen dem Klischee, dass Lehrer strahlend vor Freude ihren Schülern zum Abitur gratulieren – oder wenigstens froh sind, sie endgültig los zu sein –, baut sich am Rande einer städtischen Veranstaltung eine Lehrerin vor Michael und Zehra auf. Sie sieht keine Jungverliebten vor sich, sondern die Rückkehr der Spießigkeit. Sie hat damals mit den 68ern gekämpft, sich die Haare rebellisch henna-gefärbt, ihren Doppelnamen auch nach der Scheidung beibehalten. Jetzt lässt sie Dampf ab: »Ich glaub's ja nicht! Sich so früh zu binden! Das geht doch bei Türken erst, wenn man schon Nägel mit Köpfen macht, oder? Ohne sich richtig kennenzulernen! Ohne mal zusammengewohnt zu haben! Wart ihr wenigsten mal zusammen im Urlaub? Wollt ihr euch nicht erst mal ausprobieren, die Hörner abstoßen, wie man so sagt? Was glaubt ihr eigentlich, für was wir demonstriert haben?«

»Sie ist bei den ›Grünen‹«, flüstert Michael seiner Freundin zu, als würde das den Kampf der Kulturen erklären. Doch da wendet sich die Empörte schon an Zehra:

»Sie haben doch Abitur gemacht! Wofür haben wir Frauen eigentlich gekämpft, hm? Was hat die Emanzipationsbewegung erreicht, wenn ihr jungen Dinger jetzt unter Papas Dach hervorkriecht und nahtlos beim erstbesten Kerl die Socken waschen geht!?« Ihr Donnerwetter findet im Kreis vieler Umstehender statt und ist den beiden deshalb besonders peinlich. Zehra ist entsetzt. So was wäre am St. Agnes nicht passiert, nie im Leben. Michael ist verletzt. Bellt er zurück? Typischerweise fällt seine Gegenwehr höchst korrekt aus: »Wenn es Ihnen wirklich um Freiheit geht, dann achten Sie doch bitte auch unsere!«

Aber – hat sie nicht auch ein bisschen recht?

Fragen sich nicht alle, wie fest eine »feste« Freundschaft sein kann, wenn Mann und Frau knapp zwanzig sind? Belächelt man nicht jedes Pärchen, das schon früh den Eindruck erweckt, für die Ewigkeit verbunden zu sein, ohne dass irgendwas formell entschieden wurde? Warum überhaupt so früh? Wer drückt da aufs Gas? In den 60er-Jahren fragte man noch: »Müssen die vielleicht?«

Aber »heiraten müssen«, weil ein Kind unterwegs ist, gibt's doch nun wirklich nicht mehr, oder?

Frau Oberstudienrätin weiß natürlich, dass es mindestens zwei Bevölkerungsgruppen gibt, für die es gar keinen »vorehelichen« Geschlechtsverkehr gibt, weil sie finden, dass Sex per se eine Ehe besiegelt und deshalb immer und sofort »ehelich« ist: Muslime und Pietisten.

Evangelische Christen der moralisch strengeren Sorte gibt es im frommen Schwabenland viele. Ungebundenen Sex verkneifen sie sich, um Gottes willen. Muslimische Gläubige verkneifen ihn sich um Gottes und der Familienehre willen. In beiden Gruppen aber kann diese Haltung zu verfrühten Eheschließungen führen. Schnell vor den Traualtar, um endlich miteinander ins Bett zu kommen?

Die Lehrerin ahnt ja nicht, wie falsch sie damit bei Michael Blume und Zehra Tayanc liegt. Es sind weder seine ganz und gar nichtpietistischen Eltern noch ihre ganz und gar muslimischen Eltern, die in irgendeiner Weise Druck machen. Es ist Michael selbst, der aufs Tempo drückt.

Warum?

»Ich wusste ab Oppenau, dass ich sie heiraten würde«, antwortet er lapidar und lacht. »Was meinen die Leute, wenn sie sagen, man soll sich ›erst mal kennenlernen‹? Beginnt das Kennenlernen erst nach dem ersten Kuss? Oder ab dem ersten Sex? Oder erst in einer gemeinsamen Wohnung? Und was bitte schön ist ›ausprobieren‹? Freiheit kann doch nicht bedeuten, sich gar nicht zu entscheiden. Zwei Zustände im Leben kann man nicht ausprobieren: Totsein und Verheiratetsein.«

Auch Zehra sieht die Sache differenziert. »Meine Eltern waren von Michaels Vorpreschen überrascht, ja, aber positiv.

Und ich weiß nicht, ob sich viele Eltern über einen Freund ihrer Tochter freuen würden, der sie nur mal ›ausprobieren‹ will. Manche meiner Freundinnen wurden jahrelang ›ausprobiert‹ und dann doch wieder sitzen gelassen – was besonders fies ist, wenn sie mal Kinder will. Früher war es bestimmt oft zu streng, heute ist es manchmal zu beliebig. Unter Gleichberechtigung verstehe ich echt was anderes, als Frauen zu Spielzeugen für halbreife Typen zu machen.«

Unmittelbar nachdem er Zehras Eltern gefragt hat, noch während sie die Narkose ausschläft, fragt Michael auch seine eigene Familie. Oder besser: Er informiert sie. »Sie sollten es auf keinen Fall von anderswo hören. Eine Ehe mit einer Türkin war für die meisten in meiner Familie kein Problem. Aber so jung heiraten? Ich dachte, ich versuche es besser auch hier direkt«, erinnert er sich. Elisabeth und Friedrich Horn, die Großeltern mütterlicherseits, sind praktischerweise bei den Eltern zu Besuch und trinken Kaffee am Wohnzimmertisch.

»Sie sitzen da, essen, trinken, lesen was oder plaudern miteinander. Ich komme rein und begrüße alle. Und sage dann zu meinen Eltern gewandt: ›Ach übrigens, die Zehra, die sich vor einer Woche ja schon mal bei uns vorgestellt hat, die Zehra und ich – wir werden heiraten!‹«

Verdutzte Stille. Die berühmte erwartungsvolle Pause. Fügt Michael noch was hinzu? Reagiert jetzt mal jemand? Und wer zuerst?

Den Großeltern huscht ein breites Lächeln übers Gesicht.

Michaels Vater lässt die Tageszeitung sinken, die er jeden Morgen austrägt, und schaut über den Rand der Lesebrille zu seiner Frau hinüber.

Zwinkert sie? Sie strahlt!

Vater Blume sagt: »Also gut, Junge, ich zahl die Ringe.«

Michael fällt ein Stein vom Herzen. Gleichzeitig wundert ihn irgendwas.

Prüfend schaut er von den Großeltern zu den Eltern und wieder zurück – was geht in denen vor, warum grinsen die so?

KAPITEL 8

# Wie findet man zum Glauben?

Lexington/Massachusetts, USA. Der zehnjährige Gerrit-Willem Oberman ist fassungslos, als ihm seine Eltern schonend beibringen wollen, dass die Familie nach Deutschland auswandern wird. Ins Land der Mörder ihrer Eltern und Großeltern? Fast alle Verwandten aus der jüdisch-holländischen Linie waren während des Nazi-Terrors in den Konzentrationslagern Treblinka und Sobibor vergast worden. Vaters Bruder hatte als Zwangsarbeiter in den Bergwerken des Ruhrgebiets geschuftet. Kurz vor Ankunft der Alliierten hatte man ihn erschossen.

Theologieprofessor Heiko August Oberman und seiner Frau wird schlagartig klar, wie präsent die Andeutungen, Anekdoten und Erzählungen dieser tragischen Familiengeschichte bei Gerrit hängen geblieben sind. Wie plastisch einem Kind vor Augen stehen kann: Nur eine Oma durfte weiterleben, und Papa und Mama. Alle anderen wurden umgebracht. Von Deutschen.

Obermans sind evangelisch-reformiert, haben ihre Kinder in einem aufgeklärt calvinistischen Sinne erzogen. Der Ruf auf einen Lehrstuhl der Universität Tübingen als Leiter des Instituts für Spätmittelalter und Reformationsgeschichte ist wissenschaftlich herausfordernd und karrieremäßig verlockend. Trotz aller Bedenken des Sohnes bleibt's dabei: Man zieht ins Schwäbische.

Gerrit-Willem lernt Deutsch, geht aber nur so lange ins Gymnasium, bis er sich mit einer lebensbedrohlichen Gelbsucht ins Krankenhaus zurückzieht. Fast ein Jahr lang. Auch sonst fällt es ihm schwer, sich im pietistisch geprägten Ländle zurechtzufinden. Offiziell aus der Kirche ausgetreten war er schon mit 14. »Alles war so eng und öde und langweilig und lebensfern. Was soll ich in Gottesdiensten, wo alle nur finster gucken und man ein Wörterbuch braucht, um die Lieder zu verstehen?! Wir wollten doch ›Born to be wild‹ sein! Nach dem Abitur ging ich sofort weit weg. An die Uni Stanford in Kalifornien, um Betriebswirtschaft und Informationstechnologie zu studieren. Algol und Fortran waren damals die angesagten Programmiersprachen. Wie konnte ich ahnen, dass ich eines Tages wieder in Deutschland landen würde! Und mit Computerkenntnissen ausgerechnet als evangelischer Pfarrer für unzufriedene Jugendliche Brücken in die Kirche hinein bauen würde!«

Bei seinem Treffen mit diesem Junge-Union-Computernerd geht es schnell ins Grundsätzliche. »Gerrit beantwortete einfach meine Fragen«, sagt Michael. »Zum Beispiel: Ist dieser Jemand, nach dem ich mich sehne, Gott selbst?«

»Ja.«

»Ist das ein Gott, der auch einzelnen Menschen nahe ist?«

»Exakt.«

»Wieso hatte ich in meiner Verzweiflung den Eindruck, da reicht mir einer die Hand?«

»Weil dir Gott in Jesus Christus zusagt: Du musst gar nicht alles Leid der Welt abschaffen. Das schafft kein politisches System und keine Partei.«

»Heißt das in der Konsequenz: Es reicht, wenn ich tue, was ich kann?«

»Ja, Gott reicht das.«

»Warum reicht ihm das?«

»Weil er dich in all deiner Unvollkommenheit liebt.«

»Also kann ich mir diesen Glauben nicht erarbeiten oder intellektuell draufschaffen, sondern er wird mir geschenkt?«

»So ist es, korrekt.«

»Muss ich Gott aber nach dieser Erfahrung dann nicht doch mehr bieten?«

»Mehr was bieten?«

»Mehr Ausgeglichenheit, mehr innere Ruhe, besseres Selbstmanagement?«

»Nein. Ihm kommt es nicht auf deine Leistungen an.«

Wovon nun wiederum der hellwache Michael nicht den blassesten Schimmer hat: Der Pfarrer repetiert hier keine Buchweisheiten. Auch Gerrit Oberman ist ein Abgestürzter. Was er dem Jungen da theologisch bestätigt, weiß er selbst auch erst durch leidvolle Erfahrung, knapp 20 Jahre früher:

Nach dem Abitur buchstäblich aus Tübingen geflohen, unzufrieden und gesundheitlich labil, merkt er als Student in seiner alten Heimat USA: Für seine Kommilitonen und Saufkumpane in Stanford ist und bleibt er »the german kid«.

Der Deutsche. Jemand, der er auf keinen Fall sein will! Gerrit-Willem buhlt um die Anerkennung seiner Freunde mit Bestnoten an der Uni und mit tatkräftiger ehrenamtlicher Sozialarbeit unter Drogenabhängigen. »Wenn man wirklich zu denen hingeht, mit ihnen lebt und arbeitet, ihnen helfen will, dann kann man Fortschritte machen, ja sicher. Es schreitet aber auch die Selbsttäuschung voran. Unmerklich. Zentimeterweise. Ich glaubte, alles sei nötig und richtig, was ich für sie tue. In Wirklichkeit aber verließ ich immer häufiger das gesicherte Terrain bürgerlicher Gesetze und Moral.«

Die renommierte Stanford-Universität in Kalifornien liegt zwischen Palo Alto und San Jose, mitten im »Silicon

Valley«. Im Start-up-Fieber der IT-Gründerjahre Mitte der 70er sind die Grenzen zwischen versponnenen Nerds und halbseidenen Geldbeschaffern fließend. Die Grenzen zwischen hippen Kiffern und elenden Kokainjunkies auch. Die Grenzen zwischen legalen und illegalen Finanztransaktionen erst recht. Gerrit-Willem Oberman ist in der Szene »the helpful german kid« und gerät in Sachzwänge und Abhängigkeiten, die er nicht mehr steuern kann. Bis zwei seiner Bekannten tot am Boden liegen.

»Ich war nicht juristisch haftbar oder gar unmittelbar mitverantwortlich für die Sauereien, die in dieser Grauzone passierten. Aber ich stellte erschrocken fest: Um des eigenen Überlebens willen wäre auch ich zu allem fähig. Mein Selbstverständnis war bis dahin von dem tiefen Bewusstsein geprägt: Ich bin das Kind von Opfern! Ich bin der Enkel von Holocaust-Überlebenden! Jetzt, im kriminellen Milieu der San-Francisco-Vororte, stellte ich fest: Auch ich würde prima zum Täter taugen. Ideologisch richtig gefüttert, hätte auch ich ein Nazi-Scherge werden können. Das war mein Zusammenbruch.«

Gerrit-Willem verlässt Stanford, kehrt nach Deutschland zurück, wohnt wieder als erwachsenes Kind bei seinen Eltern, arbeitet als Programmierer und – verliebt sich auf einem Programmiersprachenkurs in eine Juristin aus Konstanz.

»Muss es denn eine Deutsche sein?«, fragen holländische Verwandte hinter vorgehaltener Hand.

»Als ich mit Zehra zusammen war«, erinnert sich Michael, »sagten manche hinter vorgehaltener Hand: ›Muss es denn eine Türkin sein?‹ Dann entwickelte sich diese für mich wichtige Freundschaft zu Gerrit-Willem, und einige aus meiner Familie witzelten: ›Muss es ausgerechnet ein Pfaffe sein?‹ Aber als ich zum ersten Mal in seine Kirche ging, fiel mir zuerst der bauliche Unterschied zu den düsteren Kathedralen auf, die ich kannte. Alles war hell, modern, freundlich. Zwischen den Stuhlreihen wuselten junge Familien herum, und die Moderationen der Mitarbeiter waren locker, ja witzig. Dass man in der Anwesenheit Gottes lachen darf, das war mir neu. GWO, wie die Leute ihren Pfarrer nannten, entpuppte sich als ein Typ mit Hang zum Showmachen. Ich fand das nicht peinlich, weil ihm dabei auch immer mal Versprecher oder sprachliche Fehler unterliefen, was die Sache ausbalancierte. Dass wir bald selber Gegenstand einer seiner Spontaneinfälle werden würden, ahnte ich ja noch nicht. Da steht halt kein weihevoller Oberzelebrant am Altar, sondern ein Mensch wie du und ich. Einer, der seinen Glauben und auch meine Glaubenszweifel ernst nahm.«

Welche Zweifel?

»Mit der Dreieinigkeit habe ich gehadert. Ich fand da den Islam eigentlich viel logischer und klarer. Es gibt einen Gott. Einen. Punkt. Es gibt sehr klare Gebote und Regeln, die hast du bitte schön einzuhalten, und dann wirst du ein korrektes Leben führen, zu deinem eigenen Vorteil. Gleichzeitig entdeckte ich: Das Christentum basiert nicht auf einem logischen Regelwerk, sondern da steckt ein Mensch dahinter. Jesus von Nazareth, durch den ich diesen einen Gott in menschlicher Gestalt wahrnehme und dem ich folgen soll. Eine Kraft, eine Ermutigung, eine ethische Richtung – schön, aber das stand bei mir erst mal unter dem Verdacht freundlicher Schwammigkeit. Diese bedingungslose, voraussetzungslose Liebe Gottes, der ich mich anvertrauen soll, die wirkte auf mich ein bisschen so wie die Romantik meiner Ritterromane. Ich misstraute noch dem Teenager in mir, der lange geglaubt hatte, er könne das Böse besiegen, wenn er nur genügend schlau im Kopf ist und ein gutes Herz hat.«

Der Verdacht, christlicher Glaube sei Gutmenschenromantik und die Annahme der Gnade Gottes führe zu freundlicher Schwammigkeit, treibt Michaels neuem Gesprächspartner die Zornesröte ins bärtige Gesicht. Erst Jahre später erzählt Pfarrer Oberman, warum:

Mitten hinein in seine Zweifel, ob die deutsche Juristin und EDV-Fachfrau vom Bodensee die Richtige für ihn sein könne, erreicht ihn ein Brief seiner Oma. Zwar sind der jüdische und der christliche Zweig der Sippe Oberman einander nicht immer grün, aber Gerrit-Willem in Tübingen ist der Einzige, der sowohl Deutsch als auch Hebräisch kann. Oma möchte deshalb von ihm wissen, was aus den Verwandten geworden ist. Die Unterlagen der Konzentrationslager Sobibor und Treblinka wurden Ende der 70er-Jahre in die Gedenkstätte Yad Vashem nach Jerusalem transferiert und müssten im dortigen Archiv, inmitten der rund 60 Millionen verwahrten Dokumente mithilfe der EDV doch zu finden sein!

Das sind sie in der Tat, merkt Gerrit-Willem, als er dort ist: »Die Deutschen haben ihre KZs ja wie moderne Industriebetriebe geführt. Vorne laufen Menschen hinein, und hinten kommen Leichen und Profit heraus. Das Leben meiner Urgroßmutter war präzise abgerechnet: Transportkosten, Ernährungsaufwand, wie viel Zahngold übrig geblieben war und wie viel Seife man aus ihr gekocht hatte. Haargenau auf Reichsmark und Pfennig: Das war sie wert! Ich hatte noch nie und habe nie wieder ein so nüchtern dämonisches Schriftstück in Händen gehabt.«

Völlig aufgewühlt wandert er zu Fuß durch die Wüste nach Bersheba, lebensgefährlich schlecht ausgerüstet und unvorbereitet, mit immer demselben Gedanken im Kopf: »Es ist wohltuend, diese Bestien hassen und sich damit überlegen fühlen zu können. Aber es ist schrecklich, mit der eigenen Schuldfähigkeit konfrontiert zu sein und zu wissen: So oder so könnte auch ich zum Täter werden. Gott knufft uns nicht freundschaftlich in die Rippen und ruft: ›Seid doch mal netter zueinander!‹, sondern das Christentum ist eine stocknüchterne, schmerzhaft realistische Religion. Der völlig ungerecht Leidende am Kreuz ist die Absage an einen naiven Aberglauben an das Gute im Menschen. Es ist das Einverstandensein mit einem uns dennoch liebenden Gott, der unsere Abgründe kennt, unsere Schuld vergibt und uns als Zeichen seiner Versöhnung die Taufe und das Abendmahl gegeben hat.«

Wieder zu Hause, beginnt er, evangelische Theologie zu studieren, heiratet seine Freundin und wird Pfarrer in Filderstadt.

Michael Blume wagt schließlich seinen Sprung in den Glauben – den Glauben diesmal nicht an die Leistung, sondern an Gott. Er meldet sich bei Gerrit-Willem Oberman zu einem Taufvorbereitungskurs an. Einem Kurs, der ihm, dem inzwischen 19-Jährigen, als eine Art verdichteter Konfirmandenunterricht angerechnet wird. Als Taufpatin wählt er sich jene Kirsten, von der schon Zehra bei ihrem ersten Besuch der Junge-Union-Frauen beeindruckt war. Als der Termin für den feierlichen Gottesdienst feststeht und alle Verwandten und Freunde eingeladen werden, sind Michaels fromme Großeltern gerührt, seine Eltern verhalten positiv: »Na ja, wir haben für die Freiheit gekämpft. Also auch für deine. Wenn du diese Freiheit jetzt dazu nutzt, evangelisch zu werden, ist es auch okay.«

14. Juli 1996. Taufen sind schon im Normalfall ein adrenalinhaltiges großes Familienfest. Dass sich diesmal ein politisch aktiver, stadtbekannter Jugendgemeinderat taufen

lässt, füllt die Petrus-Kirche zusätzlich mit Neugierigen bis auf den letzten Platz. Manchmal kehren Ausgetretene in die Kirche zurück, aber Erwachsenen*taufen* sind selten. Ein bisschen Lokalsensation liegt in der Luft, zumindest eine Ungewöhnlichkeit. Pfarrer Oberman genießt solch erwartungsvolles Summen eines großen Publikums. Statt des schwarzen Talars trägt er eine beigefarbene sogenannte Albe und eine breite Stola um die Schultern. Als während der Lieder und der Predigt ein langsam durch die hohen Fenster vorrückender Sonnenstrahl Michaels Sitzplatz und Gesicht bestrahlt, kann sich sein Vater einen kleinen Spott nicht verkneifen: »Guck mal, früher hätten wir so was für Zufall gehalten …« Für diesen Witz ist ihm Michael bis heute dankbar, »weil Papa aus einem allzu feierlichen einen fröhlichen Moment machte«.

Kein Zufall dagegen ist Michaels Taufspruch, den er sich aussuchte:

»Herr, Du erforschst mich und kennst mich. Ich sitze oder stehe auf, so weißt Du es. Du verstehst meine Gedanken von ferne. Ich gehe oder liege, so bist Du um mich und siehst alle meine Wege. Denn es ist kein Wort auf meiner Zunge, dass Du, Herr, nicht schon wüsstest.« Psalm 139, Verse 1 bis 4.

Zehra Tayanc ist ebenfalls da. Nachdem sich Michael über den Taufstein gebeugt hat und mit ein paar Tropfen Wasser auf den Kopf in die weltweite Christenheit und diese Ortsgemeinde aufgenommen ist, wendet sich Gerrit-Willem Oberman plötzlich zur Gemeinde: »Ich möchte Zehra Tayanc nach vorne bitten.« Das Publikum dreht überrascht die Köpfe. Man hat von dieser Türkin gehört, ja gut, aber was soll sie vorne am Altar? Sie selbst ist offenbar genauso überrascht. Dieser Oberman wieder!

»Zehra ist Michaels Verlobte, ging auf ein katholisches Mädchengymnasium und hat mit ihm mehr über Theologie diskutiert als jeder andere.«

Zehra stockt der Atem. »Ich fühlte mich einbezogen, angenommen«, erinnert sie sich, »es hatten so viele Skepsis und Bedenken geäußert, und jetzt stellte sich ein Pfarrer hinter uns? Ich war sehr gerührt.«

»Sie hat nämlich«, deklamiert der Pfarrer weiter, »maßgeblich dazu beigetragen, dass der Glaube in Michael Blume entzündet worden ist. Zehra – würdest *du* bitte seine Taufkerze entzünden?«

KAPITEL 9

# Rein zufällige Ähnlichkeiten

Februar 1975, das Wohnzimmer von Ehepaar Horn in einem Dorf in Sachsen-Anhalt.

Sie ist 18 Jahre jung, will Krankenschwester werden, hat die Ausbildung noch nicht abgeschlossen, aber schon einen Freund. Der ist 24, magenkrank, spindeldürr und schwer traumatisiert. Er wurde wegen »versuchter Republikflucht« verhaftet, in Stasi-Haft genommen, unehrenhaft aus der Armee entlassen und kam erst vor Kurzem aus dem Gefängnis. Sie kennt ihn erst seit ein paar Wochen, hat ihn aus Halle an der Saale mitgebracht und sagt: »Also, das ist der Falko. Der hat einen Ausreiseantrag gestellt. Wir wollen heiraten!«

Die wild entschlossene Schwesternschülerin heißt Marlis und wird eines Tages Michaels Mutter werden.

»Als der Michael mit einem türkischen muslimischen Mädchen aufkreuzte und sagte: ›Mama, die werde ich heiraten‹, da haben Falko und ich uns nur angeguckt, an damals gedacht und beinah lachen müssen. Uns konnte ja auch keiner aufhalten.«

Der Ort hat rund 170 Einwohner. Man erreicht ihn, wenn man etwa 15 Kilometer östlich von Wolfsburg den ehemaligen Todesstreifen des DDR-Grenzzauns und das Naturschutzgebiet Drömling mit seinen Wassergräben und Wäldern durchquert hat. Schwarzstörche und Fischadler, Biber und Otter soll es hier geben. Wenn man an Taterberg vorbei in Mieste links abgebogen ist, die kiefernumstandenen sandigen Weiten der Altmark und die Stallungen von Pecknitz passiert hat und dann den frei stehenden hölzernen Glockenturm einer Fachwerkkirche mit weißen Fensterrahmen erblickt, sieht man Jeggau!

Jeggau im Kreis Gardelegen. Wahrhaft abgelegen ist auch Gardelegen, aber aufgrund der ungeheuren Ausdehnung seiner Kreisgrenzen theoretisch und bürokratisch die drittgrößte »Stadt« Deutschlands. Nach Berlin und Hamburg.

Marlis Horn wächst in Jeggau auf einem Bauernhof auf, der mit 20 Hektar Acker und zehn Hektar Wald, acht Kühen und zwei Dutzend Schweinen, mit zahllosen Gänsen und Hühnern zu den großen, den eher wohlhabenden Anwesen in Jeggau gehört. Untrügliches Zeichen dafür sind gleich zwei Autos auf dem Hof: Ein »Trabbi« und ein »Skoda«. »Wir lebten direkt vom Hof und von unserem großen Gemüsegarten. Wir waren Selbstversorger«, erzählt ihre Mutter Elisabeth, »in den Läden gab es eh nix. In der Miss- und Mangelwirtschaft der DDR konnte man sein Geld ja kaum für vernünftige Dinge ausgeben.«

Es sind die 60er-Jahre, und der Kalte Krieg zwischen dem »demokratischen« – schon das Wort ist gelogen – Ostdeutschland und dem »imperialistischen« – auch das ist nicht zutreffend – Westdeutschland treibt gerade auf einen neuen hässlichen Höhepunkt zu: Im August 1968 walzen Panzer des Warschauer Paktes, sowjetrussische und auch ostdeutsche Militärs, den Aufstand der Tschechen in Prag nieder. Schießen auf Zivilisten am Wenzelsplatz, die für einen »Sozialismus mit menschlichem Antlitz«, für einen »Prager Frühling« demonstrieren.

Marlis ist zwölf und soll in der Schulklasse sagen, welche Sehenswürdigkeiten sie gerne mal sehen würde. Im Stundenplan heißt das Fach »Staatsbürgerkunde«. Im Volksmund »Rotlichtbestrahlung«. Perfekt einstudiert sehnt sich das erste Kind danach, »das Lenin-Mausoleum in Moskau« zu besuchen. Kind Nr. 2 will »über die Errungenschaften unseres sowjetischen Brudervolkes staunen, wie z.B. die Transsibirische Eisenbahn«. Marlis Horn steht auf und sagt: »Ich möchte mal die Freiheitsstatue sehen. In New York.«

Marlis' Eltern werden schon für den nächsten Morgen zum Gespräch einbestellt.

Woher kann Klein-Marlis überhaupt wissen, dass es so etwas wie die Lady Liberty gibt? Oder – noch schlimmer – wer hat ihr womöglich erklärt, wofür diese Statue da im Hafen von New York steht?!

Jeggau ist 25 Kilometer Luftlinie von dem Stacheldrahtzaun, den Minenfeldern und Wachtürmen entfernt, die im offiziellen DDR-Ton »antifaschistischer Schutzwall« heißen, obwohl die Selbstschussanlagen an der Ostseite angebracht sind. Eine Diktatur, die 16 Millionen Menschen einsperrt, in Armut hält und ihnen vorschreibt, was sie sehen, hören, lesen und erleben dürfen – die muss ihre Bürger wie Gefangene behandeln und quasi luftdicht isolieren. Was zumindest medial und kulturell natürlich nicht funktioniert: »Die Schwester meines Vaters hatte mal bei einer Rückreise aus der Bundesrepublik einen TV-Decoder rübergeschmuggelt. Die war schon von Natur aus so vollbusig, da fiel das Teil unterm Pulli nicht so auf«, grinst Mutter Blume, »dadurch konnten wir ARD und ZDF gucken und im Radio störungsfrei NDR und Deutschlandfunk hören. Die Musik der *Puhdys* und die von *Karat* gab's frei Haus. Aber die *Beatles* oder die *Rolling Stones*, das waren unsere Stars, weil sie verboten waren.«

Marlis' Stasi-Akte, die sie erst 25 Jahre später lesen kann, umfasst mehr als einhundert Seiten. Sie enthält auch Liebesbriefe an Michaels Vater.

»Ich wurde als Kind getauft, hatte nicht weniger als die damals üblichen elf Taufpaten, ging ab Schuleintritt auch in den Kindergottesdienst und sang sogar gerne im Kinderchor der Gemeinde mit. Weil der ›wissenschaftliche Atheismus‹ zur Staatsdoktrin gehörte, gab es in der Schule natürlich keinen Religionsunterricht, aber in der Kirche gab es die sogenannte Christenlehre. Dann Konfirmation – ein riesiges Familienfest – und kurz darauf die Jugendweihe. Was eine Art staatliches Erwachsenen-Zertifikat war.« Und von den Funktionären der SED als bewusst nichtreligiöses Gegenstück zur Konfirmation inszeniert wurde. Die einsame Altmark ist bewaldet, nach Gardelegen geht's durch den Zichtauer Forst, und am Truppenübungsplatz in der Letzlinger Heide sind russische Soldaten stationiert. »Wenn ich auf dem Fahrrad oder Mofa im Dunkeln nach Hause fuhr, hat meine Mutter Blut und Wasser geschwitzt«, erinnert sich Marlis.

Weshalb Mutter Horn froh ist, dass ihre Tochter mit 16 ins Schwesternwohnheim des Krankenhauses »St. Elisabeth und St. Barbara« nach Halle an der Saale kommt. Klinik und Internat sind katholisch und werden von den »Ordensschwestern der heiligen Elisabeth« geleitet. Marlis Horn ist jetzt, im Herbst 1972, exakt im selben Alter wie Zehra Tayanc sein wird, wenn sie auf das katholische Mädchengymnasium »St. Agnes« in Stuttgart wechselt.

»Um 17 Uhr war Unterrichtsschluss und danach durften wir raus bis neun. Wenn wir über die Stränge schlugen und es Zoff gab mit Schwester Oberin, sagten wir immer ›Wir wollen Krankenpflege lernen, nicht Heiligkeit!‹«

Bei dieser Krankenpflege fällt Marlis ein junger Patient besonders auf.

»Falko Blume, 24. Der lag mit Magengeschwüren in der Klinik, und als er rauskam, war bei mir gerade eine erste Liebe in die Binsen gegangen. Jetzt ist Silvesternachmittag, meine Freundinnen sind alle nach Hause gefahren oder bei ihren Freunden, und Falko Blume läuft mir über den Weg. ›Was machste heute Abend?‹, fragt er. ›Nix. Bin alleine. Muss hierbleiben‹, sag ich. Und dann hat er mich kurzerhand eingepackt und zu seinen zwei Brüdern in die Wohnung seiner Mutter mitgenommen. Die Silvesterparty vergesse ich nie, 1974 auf '75. Und zur Krönung, kurz nach zwölf, sagt er: ›Ich geh in den Westen. Willste mit?‹ Das war ungefähr so realistisch wie ›Kommste mit auf'n Mond?‹, und ich dachte, er sei sturzbetrunken. War er aber nicht. Ich hab mich dann verabschiedet und gedacht: ›Wieder so einen Spinner gegriffen. Gibt's denn in Halle keine normalen Männer, meine Güte?!‹«

Normal ist der Lebensweg dieses Mannes in der Tat nicht. Geboren als Sohn eines überzeugten SED-Parteigängers, der zwar Personaldisponent eines »volkseigenen Betriebs« ist, mehr aber auch nie werden kann, weil seine Frau aus der Schweiz stammt. Mit »West-Verwandtschaft« macht man im Arbeiter- und Bauernparadies keine Karriere. Außer über die Armee. Der Ehrgeiz und die »rote« Gesinnung seines Vaters motivieren Falko Blume, sich mit 18 Jahren bei der »Nationalen Volksarmee« für die Offizierslaufbahn anzumelden. Vielleicht wird ja doch noch ein strammer Genosse aus ihm? Doch kaum ist die Grundausbildung absolviert, kommt der Marschbefehl nach Prag. Das sozialistische Brudervolk in der CSSR, dem heutigen Tschechien, müsse von »Konterrevolutionären befreit« werden. Bei Gegenwehr sogar mit Waffengewalt, klar. Einen Aufstand friedlicher, unbewaffneter Bürger niederschlagen? Aug in Aug mit tschechischen Jugendlichen, die alle in Falkos Alter sind?

»Prag muss so eine Art Schlüsselerlebnis für ihn gewesen sein«, vermutet Marlis Blume, »wir haben nie viel darüber gesprochen. Aber als er nach dem regulären Wehrdienst als Zeitsoldat Maschinenbau studierte und dann tatsächlich in der Offiziersschule in Zittau angenommen wurde, zweifelte er insgeheim schon am Sozialismus, an der ganzen Propaganda, am DDR-System.«

Michael stimmt zu. »Als ich selbst zur Bundeswehr ging, 1996, hat er mir vom Einmarsch in Prag erzählt, August 1968. Dass sie Zivilisten mit Waffen in Schach halten mussten. Dass sich Tschechen bei ihnen bedanken mussten, im Namen des Sozialismus, widerwillig und mit leeren Augen. Wie er sich schämte, auch vor seiner Mannschaft. Es fiel ihm nicht leicht, über diesen Einsatz zu reden. ›Du darfst eine Uniform tragen‹, hat er mir gesagt. ›Aber du darfst dabei niemals aufhören, du selbst zu sein.‹«

Falkos Haltung in der Nationalen Volksarmee bleibt nicht unbemerkt. Ein Offiziersanwärter, der den großen Sieg nicht feiern will? Ein Zweifler?

Ein Kamerad sucht die Nähe des frischgebackenen Oberstleutnants Blume. Er hilft ihm im Alltag, wo er kann. Er erwirbt sich Falkos Vertrauen und das seines Bruders Bernhard, empfiehlt sich als Freund und spricht immer mutiger von den offenkundigen Fehlern der Armee- und Parteiführung. 1971 war Regierungschef Walter Ulbricht entmachtet worden. »Der letzte im Politbüro, der den Revolutionär Wladimir Lenin noch persönlich gekannt hatte. Jetzt ist Karrierist Erich Honecker schon ein Jahr am Ruder und – bessert sich was? Nix!«

Ermutigt von der Kritikfreudigkeit seines Kumpels, sagt Falko schließlich: »Es ist zum Davonlaufen. Wenn man einen Plan hätte, könnte man abhauen.«

»Morgens um vier standen sie mit gezogener Maschinenpistole an seinem Bett«, weiß Marlis Blume aus langen Gesprächen mit ihm. »Aufstehen, mitkommen!«

Das Schnellverfahren vor einem Militärgericht ist ein Schauprozess. Es ist das längst beschlossene Finale einer sorgfältig eingefädelten Intrige. Von Anfang an ging es darum, Wackelkandidaten aufzuspüren und an ihnen ein warnendes Exempel zu statuieren. Der Prager Frühling hat die Genossen verunsichert. »Wer unsere antifaschistische demokratische Grundordnung angreift«, hieß es schon in einem Dekret des DDR-Justizministeriums von 1951, »und den Aufbau unserer Friedenswirtschaft stört, begeht eine strafbare Handlung, die entsprechend geahndet wird. Er ist kein politischer Gefangener, sondern ein krimineller Verbrecher.« Ein Verbrecher? Falko Blume ist 22 Jahre jung und hat laut davon geträumt, wie es wäre, woanders zu leben.

»Wenn's nach mir ginge, würden Sie jetzt erschossen!«, brüllt der Staatsanwalt. Das Urteil: zehn Jahre Gefängnis. Bruder Bernhard wird gleich mitinhaftiert, kommt aber bald wieder auf, »na ja, freien Fuß kann man das wohl nicht nennen«, fügt Marlis grimmig hinzu.

Falko Blume kommt ins Militärgefängnis Schwedt. Seit 2018 übrigens eine Gedenkstätte für die Opfer von Staatswillkür und Aufseher-Sadismus.

Er wird in Einzelhaft gesperrt. Ohne Tageslicht, ohne Hofgang, ohne Zeitung oder gar Radio, ohne jegliche menschliche Ansprache. Zwei mal vier Meter misst seine Zelle. »Das hat er auch noch gemacht, als wir uns kennenlernten: Immer im Karree laufen. Vier Schritte hin, zwei zur Seite und wieder vier zurück. Er hat sich aus hellen und dunklen Brotstückchen ein Schachspiel gebastelt, um nicht völlig verrückt zu werden.« Nach drei Monaten wird Falko in »normale« Gefängnisse verlegt. Nach Bautzen, nach Görlitz und in Orte, die er im geschlossenen Transporter gar nicht zu sehen bekommt. Eine Verbesserung der Lebensumstände ist das nur bedingt, denn jetzt kommt er von den politischen zu den kriminellen Häftlingen.

An jedem 7. Oktober feiert die DDR seit 1949 den »Tag der Republik«, ihren Nationalfeiertag. Mit riesigen Aufmärschen und Militärparaden entlang der Karl-Marx-Allee in Berlin und mit salbungsvollen Lobreden auf dem Alexanderplatz. »Aus Anlass des 23. Jahrestages und dank der erfolgreichen Entwicklung unserer sozialistischen Gesellschaft« verkündet der Staatsrat 1972 eine »umfassende Amnestie für politische und kriminelle Straftäter«.

Für westliche Beobachter ist daran sensationell, dass die SED-Führung offenbar also doch zwischen Gesinnungshäftlingen und Verbrechern unterscheidet. Für Falko Blume ist es die sensationelle Aussicht, freizukommen. Trotzdem dauert es noch ein Dreivierteljahr, bis er – abgemagert auf kaum 60 Kilo – bei seiner Mutter in Halle vor der Tür steht. Dort erfährt er, dass sein Vater die Familie verlassen hatte, als die Söhne in den Knast kamen.

»Falko hat sofort einen Ausreiseantrag gestellt. Er und die DDR waren miteinander durch. Irgendeine berufliche Zukunft, auch nur die leiseste Chance einer Karriere, gab es für ihn eh nicht mehr«, erzählt Marlis. »Und so redeten wir in Halle meistens davon, wie das gehen soll: Ich hier und er dann im Westen? Irgendwann hab ich ihn geschnappt, bin mit ihm zu meinen Eltern nach Jeggau gefahren und hab ihn vorgestellt.«

Mutter Elisabeth Horn lächelt damals überrascht. Ihr Mann lässt die Zeitung sinken und sagt: »Dir was auszureden hat ja eh keinen Sinn. Dann stehen wir das jetzt mal gemeinsam durch.«

KAPITEL 10

# Ja, ich will

»Sind das Schwestern?«, fragt ein Hotelangestellter und schaut auf die zwei attraktiven Damen mittleren Alters, die da an der Stirnseite der zwei langen Hochzeitstafeln stehen. Die Art, wie sie lächeln, ist ähnlich. Ihre dunkel rostbraunen Kurzhaarfrisuren sind es auch. Beide sind dezent geschminkt, die eine trägt goldene Ohrstecker, die andere keine. Die eine hat eine kräftig hellrote lange Jacke über dem gleichfarbigen Rock, die andere eine leuchtend blaue Bluse. Die eine macht etwas schnellere, entschlossenere Bewegungen als die andere, aber beide lachen oft und offen. Jetzt aber stehen sie dicht nebeneinander, Arm in Arm. Sie halten sich an der Taille umfasst.

Die Frau in Rot begrüßt die Gäste auf Deutsch, die in Blau heißt alle auf Türkisch willkommen. Nein, keine Schwestern. Schwiegermütter!

So willkommen ist diese kopftuchlose deutschtürkische Umarmerei nicht allen im Verwandten- und Freundeskreis.

»Meine Mutter hatte eine nähere Bekannte, deren deutscher Mann pro forma zum Islam konvertiert war, um sie heiraten zu können. Und alle wussten, dass er den Glauben nur spielt«, erzählt Zehra und blättert durch die Hochzeitsfotos, »und ausgerechnet der machte jetzt meinem Vater schwere Vorwürfe. Wie kannst du deine Tochter einem Christen geben! Aber da hat der Micha vor versammelter Mannschaft, Mann o Mann …«

»Aber natürlich nicht beim Hochzeitsessen«, unterbricht sie Michael beschwichtigend, »lange vorher, bei einer dieser riesigen Tee- und Plauderversammlungen deiner, jetzt unserer, Familie.«

Und? Was erwiderte der angehende Schwiegersohn so jemandem? Ist dieser stets höfliche Musterschüler mit der Allwetter-gute-Laune überhaupt zu einer – im Fußball würde man sagen – »Blutgrätsche« in der Lage? Kann er abwehren, sich verteidigen?

»Konvertiten sind oft die Radikalsten. Bei allen Religionen, die einer verlässt oder in die einer eintritt – denn ab jetzt ist die Welt schwarz-weiß. Leider. Ich hab ihm eine Sure aus dem Koran zitiert, wonach es keinen Zwang in der Religion geben darf. Und – dass es doch sicher besser wäre, wenn jemand seinen *christlichen* Glauben ehrlich *lebt,* als seinen *islamischen* zu *heucheln.*«

»Das hat gesessen«, ergänzt Zehra. Zustimmung auch bei den Verwandten, weil vorgespielte Frömmigkeit nervt. In allen Religionen.

Lieber feines Florett als scharfer Degen? Michaels Verteidigungsstrategie funktioniert jedoch bei einem Verwandten aus Ostdeutschland leider nicht. Plump rassistisch haut er die bekannten populistischen Parolen raus – »Türken übernehmen Deutschland. Was ihr macht, nannte man Rassenschande!« Aber das frisch verlobte Paar ist jugendlich unbekümmert genug, über solche Onkelweisheiten keine Minute Schlaf zu verlieren.

Verlobt waren die beiden seit einer kleinen Feier im Garten der Tayancs im August '96. In vielen türkischen Familien werden dabei die Verlobungsringe mit einem roten Band zusammengebunden, auf die Finger gesteckt und dann auseinandergeschnitten. Ähnlich wie bei der Eröffnungs- oder Einweihungsfeier eines Gebäudes. »Aber Michael fand das Zerschneiden ein unpassendes Symbol und lehnte das ab. Also haben unsere beiden Väter nur ein paar Worte gesprochen, wir steckten uns die Ringe an, und dann feierten wir«, erzählt Zehra. »Ohne Alkohol wohlgemerkt«, wirft Michael ein. »Was einige Freunde fast so sehr irritierte wie die Verlobung an sich. Machte man das doch Mitte der 90er schon lange nicht mehr.«

Da ist es wieder. Dieses scheinbar selbstverständliche Nebeneinander von Aufmüpfigkeit und Konformität. Blume-typisch, schon seit Generationen.

»Michael lehnte das ab.«

Rituale und Symbole nimmt er ernst. Sie sind ihm nicht nur folkloristischer Firlefanz, sondern bedeutsame Zeichen oder Zeichenhandlungen. Und dann setzt er seine Auffassung davon durch. Auch gegen die Tradition. Beugt sich im selben Moment aber bereitwillig anderen Konventionen und tut, was seine gleichaltrigen Freunde für altmodisch halten. Wenn nicht sogar für spießig.

»Meinen Freundinnen nicht, aber meinen Eltern war Verlobung wichtig. Wegen der Familienehre in der muslimischen Community. Ab jetzt durften wir öffentlich überall zusammen gesehen werden«, erklärt Zehra.

Für westliche Christen eine selbstverständliche, für Muslime eine erworbene Freizügigkeit.

Ein knappes Jahr diskutieren die beiden, wie sie ihre Ehe miteinander leben wollen. Nicht nur das Kochen, Putzen, Wäschewaschen, Geld-Aufteilen und Freizeit-Gestalten, wie es wohl alle Pärchen vorher diskutieren, sondern wie sie es mit ihren religiösen Ritualen halten wollen. Mit dem Beten,

Fasten und Spenden, mit dem Kirchgang am Sonntag und dem Moscheebesuch am Freitag. Und mit den religiösen Festen des Jahres: Karfreitag, Ostern und Weihnachten, Ramadan und Opferfest.

Der Ehe-Alltag mit drei Kindern wird es in den folgenden 25 Jahren zeigen.

Für die bevorstehende Hochzeit im Juni 1997 kommt bei diesen christlich-muslimischen Koalitionsverhandlungen etwas heraus, wovon viele bi-religiöse Ehen inzwischen profitieren, ohne dass Michael und Zehra dies je geahnt hätten: Die Ehe ist im Islam kein Sakrament – wie übrigens im protestantischen Christentum auch nicht –, sondern ein »weltlich Ding«, wie Martin Luther gesagt hätte. Ein Vertrag zwischen Mann und Frau bzw. ihren Herkunftsfamilien. Diesen Vertragsschluss können die beiden, wenn sie möchten, unter den besonderen Segen Gottes stellen. Indem sie sich ihre Treue zueinander und ihre Verantwortung füreinander in der bewusstgemachten Gegenwart Gottes versprechen. Indem sie bekennen, dass Ehe und Familie für sie nicht nur eine menschliche Verabredung, sondern ein Schöpfungsakt und Schöpfungsauftrag Gottes sind.

»Ich hatte als notorische Leseratte in einer Zeitschrift von einem Imam gelesen, der eine Koran-Interpretation aus Ankara positiv kommentiert hatte«, erzählt Michael. »Die Ehe eines muslimischen Mannes mit einer christlichen Frau ist im Koran sowieso erlaubt. Traditionell wird aber bestritten, dass umgekehrt ein christlicher Mann eine muslimische Frau heiraten dürfe. Weil er ja, so die Argumentation, die Religion seiner Frau nicht anerkennt und seine männlichen Kinder weder beschneiden noch muslimisch erziehen wird. Was aber, wenn der christliche Ehemann beides tut – seiner

Frau ihre muslimischen Rituale gestatten und seine Kinder zumindest bi-religiös erziehen? Dann, so das Gutachten, dann geht's.«

Diesen »progressiven« Imam bitten die beiden in ihre zukünftige kleine Zweizimmerwohnung, die sie in Sielmingen gefunden und sparsam mit der nötigsten IKEA-Erstausstattung möbliert haben. Dazu auch jenen evangelischen Pfarrer Gerrit-Willem Oberman, der Michael getauft hatte. Und natürlich Marlis und Falko Blume, Türkan und Osman Tayanc.

»Der Imam fragt den Vater der Braut, ob er seine Tochter dem Bräutigam anvertrauen will. Dann den Vater des Bräutigams, ob er es seinem Sohn gestattet, diese Braut zu heiraten. Beide Väter sagen *Ja* und umarmen sich als Verwandte.« Während Michael erzählt, ist Zehra die Rührung anzumerken, allein bei der Erinnerung daran. »Dann wurden wir gefragt, ob wir mit dieser Entscheidung unserer Eltern einverstanden sind, und sagten ebenfalls *Ja*. Mein Vater – der in der DDR niemals mit fremden Kulturen in Berührung gekommen war – überreichte Zehra eine symbolische goldene Gabe, und der Imam sprach anschließend das Segensgebet über unsere Ehe.«

Die »Morgengabe« des Bräutigamvaters an die Braut – das können bei muslimischen Großfamilien Goldschmuck oder Wertgegenstände in fünfstelliger Höhe sein. Oder Autos, Aktien, Grundstücke, Eigentumswohnungen, Häuser. Eine Art »Ehe-Rücktritts-Versicherung« für den Fall einer Scheidung. Eine Vorsorgeleistung, von der manch unglücklich geschiedene Alleinerziehende im christlichen Europa nur träumen kann.

Dass es im Falle der Familien Tayanc und Blume aber mit goldenen Wasserhähnen nicht weit her ist, zeigt sich unmittelbar nach der feierlichen Zeremonie: »Wir hatten keine

Spülmaschine, und es war klar, dass ich Zehra den Abwasch nach dem Essen nicht alleine machen lasse. Es war doch auch ihre Hochzeit! Aber durfte ich den hohen Besuch und die zwei Elternpaare einfach so im Wohnzimmer sitzen lassen? War das nicht unhöflich als Gastgeber? Ich entschied mich für Zehra, band mir die Schürze um und ging in die Küche. Was nicht bei allen gut ankam. Und dann höre ich plötzlich den Imam zu meinem Schwiegervater sagen: ›Osman, was bist du doch für ein Glückspilz! Dein Schwiegersohn behandelt deine Tochter so, wie Mohammed seine Frauen behandelt hat!‹ Das war für Zehras Eltern sozusagen der Ritterschlag.«

Knapp zehn Jahre später, Michael Blume ist als promovierter Religionswissenschaftler und Spezialist für religiöse Minderheiten auf einer hochkarätigen Tagung mit Christian Wulff, damals noch Ministerpräsident von Niedersachsen. Eine Dame stellt sich als Dekanin der islamisch-theologischen Fakultät der Universität Ankara vor, schaut auf sein Namensschild und ruft erstaunt: »Are you … are you Michael Blume?! This Michael Blume?«

Sie ist so begeistert, als hätte sich Paul McCartney an ihren Tisch gesetzt. Michael versteht die Aufregung nicht. Bis sich herausstellt: Der mutige Imam, der die kleine Familienfeier in Filderstadt gestaltet hatte, war an die Universität Ankara zurückgekehrt und anschließend unter den Koran-Gelehrten der Türkei als jemand herumgereicht worden, der praktische Erfahrungen in heiklen, interreligiösen Fragen hatte. »Die Wissenschaftlerin kannte mich sozusagen als Fallbeispiel aus ihrer Literatur«, schmunzelt Michael, »das heißt, unsere Heirat hat damals Gutachten und Unbedenklichkeits-Atteste beeinflusst. Ob das heute, unter Erdogan, noch möglich wäre? Ich fürchte, nein. Damals galt die Türkei noch als Vorbild.«

Zehra wird seit ihrer Verlobung auch erstaunt befragt. Leider nicht begeistert, sondern abfällig: In den Brautmodegeschäften Stuttgarts.

»Bitte kauf dir nie eins dieser Hochzeitskleider, wie sie aus der Türkei importiert werden. Mit Reifstangen drin und Glitzerpailletten drauf und riesigen Rüschen überall und einem Schleier als Deckel auf den Pott. Furchtbar«, hatte ihre Mutter immer gesagt. Schlichte Eleganz ist ihre Präferenz. Und so tingelt Zehra mit zwei besten Freundinnen durch die Läden und – wird bestenfalls belächelt.

»Wie alt sind Sie? Zwanzig? Und wollen heiraten. So, so. Wie alt, sagten Sie?«

»Hochzeitsfeier, ja klar. Hört zu, Mädels, Partykleider für den Abi-Ball führen wir nicht.«

Manchmal wird sie regelrecht hinauskomplimentiert. »Brauchen Sie gar nicht erst anzuprobieren. Reicht zeitlich eh nicht mehr.« Einmal muss sie ihren Ausweis zeigen, Name und Anschrift ihres Verlobten und das geplante Hochzeitsdatum angeben. »Klar, die wollen keine kichernden türkischen Kiddies, die heute mal aus Gag Brautkleider anprobieren«, sagt Zehra verständnisvoll, »aber als Kundin ernst genommen hat mich zum Schluss nur eine ebenfalls ganz junge Verkäuferin.«

Nicht ernst zu nehmen ist für Zehras Mutter, was Michaels Mutter vorschlägt: »Also, für die Hochzeit rechnen wir mal mit zehn bis zwanzig Gästen. Mehr hatten wir bei unserer auch nicht.«

Ein Schock! Selbst bei radikalster Reduktion aller Verwandten, Arbeitskollegen, Freunde und Nachbarn kommen Tayancs auf mehr als einhundert Gäste.

Und schon das wird ein Traditionsbruch sein, weiß Zehra: »Andrerseits wollten meine Eltern auch nicht diese typisch türkische Hochzeit, zu der fünfhundert Leute kommen, die man nicht kennt. Alle offiziell Eingeladenen dürfen nämlich wiederum ihre Verwandten, Freunde und Kollegen mitbringen! Dann wird eine Sporthalle gemietet, die Massen tanzen, und draußen steht eine fahrbare Dönerbude, oder drinnen gibt es Grillhähnchen und Brötchen. Die Braut wird von den Gästen mit Geldscheinen behängt, und ein Moderator verkündet über Mikrofon, wer wie viel gespendet hat – also nee. Das wollten wir auf keinen Fall.« Es wird verhandelt. »Mal anstrengend, mal schön«, erinnert sich Michael.

6. Juni 1997, 10 Uhr. Michael im blauen Anzug, die drei Trauzeugen (»Wir hatten uns sicherheitshalber noch einen Jurastudenten dazugeholt …«), die Familien und Freunde stehen gestylt und aufgeregt vor dem Standesamt. Ein schick alternativ gekleidetes Paar, die Braut im Batikrock, verlässt das Rathaus. Jetzt wäre die Eheschließung Tayanc/Blume an der Reihe. Wer fehlt, ist Zehra. Man wartet. Michael wird's heiß am Haaransatz. Ein Flugzeug steigt vom nahe gelegenen Flughafen auf, und Opa Friedrich Horn grinst: »Da sitzt se drin!«

Als Zehra endlich kommt, sieht Michael ihr schulterfreies Kleid, die Schleppe, ihre halbhohen weißen Schuhe, den raffinierten Haarschmuck zum ersten Mal. »Umwerfend. Wunder-wunderschön!«

Als am Abend Osman Tayanc es sich nicht verkneifen kann, entrüstet den Kopf zu schütteln – »warum mussten es denn nackte Schultern sein! Und vorne so ausgeschnitten!« –, nimmt Michael ihn ganz kurz zur Seite. »Baba. Sie ist jetzt meine Frau. Deshalb muss das Kleid nur mir gefallen. Bitte respektiere das.«

Die blumsche Unverblümtheit, Protest anzumelden mitten im Bravsein. Der Schwiegervater schmollt keine halbe

Stunde. Vielleicht gefällt ihm der Schneid seines jungen Schwiegersohns sogar, für seine Frau einzustehen.

»Klein, aber glücklich« steht auf dem blumengeschmückten senfgelben Trabbi, mit dem das Brautpaar vor den Festsaal gefahren wird. Wer die leidvoll dramatische Liebesgeschichte von Marlis und Falko zu DDR-Zeiten kennt, hat schon feuchte Augen, bevor ihr Sohn aus dem Wagen krabbelt.

Ein Trabbi! Kein Daimler, keine Kutsche.

Der Sektempfang ist tatsächlich einer. Für muslimische Gäste gibt's alkoholfreie Cocktails. Das Festessen im Hotel ist natürlich schweinefleischfrei, aber edel und üppig. Zehras jüngere Schwester rockt mit einer Teenie-Mädchen-Band eine Popballade, dann spielt die Profi-Combo, und das Brautpaar besteht den Eröffnungswalzer, obwohl für einen Tanzkurs noch keine Zeit war. Während der üblichen »westlichen« Rhythmen wie Foxtrott, Samba oder Cha-Cha-Cha hoppeln die Gäste so geschmeidig oder ungelenk herum, wie es alle Tanzenden auf einer Party tun. Erst als die Musiker ihre traditionell orientalischen Instrumente auspacken und türkische Hits spielen, entfalten die meisten Gäste ein Temperament und eine Anmut, die einfach sehenswert, die faszinierend ist. Worte wie »Augenweide« mögen aus der (Sprach-)Mode gekommen sein – wie Mutter Türkan Tayanc sich fingerschnippend und singend um ihre bildhübsche Tochter im Brautkleid dreht, ist ein anrührender Anblick.

Einzig eine alte Frau im Saal trägt Kopftuch und sitzt da, erhaben, aber unbewegt, wie eine Sphinx. Michaels Großvater aus Jeggau dagegen, vermutlich im gleichen hohen Alter, ist der Feger auf der Tanzfläche und beweist erstaunliche Kondition.

»Eine Woche später wurde unsere Ehe dann in der evangelischen Petruskirche von Pfarrer Oberman gesegnet. Nicht ›getraut‹ im dogmatisch korrekten und liturgischen Sinn«, erläutert Michael den Unterschied, »denn das wird man nach christlichem Verständnis ›im Namen des Vaters, des Sohnes und des Heiligen Geistes‹. Das widerspräche aber dem muslimischen Glauben an die Einheit und Einzigartigkeit Gottes. Uns wurde stattdessen der Segen Gottes und die unterstützende und schützende Gemeinschaft der Gläubigen zugesagt. Im Rahmen eines ganz normalen Gottesdienstes der Gemeinde, aber natürlich mit unseren beiden Familien, mit Freunden und mit großem Hallo und vielen Gratulanten hinterher. Also eigentlich haben wir drei Mal geheiratet: muslimisch zu Hause, weltlich auf dem Standesamt und christlich in der Kirche.«

»Wenn's darum ging, wie viele zum Essen kommen oder wer eventuell unangemeldet zum Essen kommt« – Zehra ist in der Erinnerung an ihre drei Hochzeitsfeiern offenbar wieder bei der Anzahl der Gäste angelangt –, »sagte meine Mutter: Der Prophet Isa, den die Christen Jesus nennen, hat doch seinen Jüngern mit wenig Brot und Fisch gesagt: Wenn ihr das unter den Leuten teilt, wird's immer mehr werden und für alle reichen. Wenn du teilst, wird es immer reichen, Schatz.«

Die Hochzeitsverse der beiden aus dem christlichen Teil der Bibel, dem »Neuen Testament«, stehen im ersten Brief des Apostels Paulus an die Christengemeinde in der griechischen Stadt Korinth:

»Wenn ich mit Menschen- und mit Engelszungen redete und hätte der Liebe nicht, so wäre ich ein tönendes Erz, eine klingende Schelle. Und wenn ich prophetisch reden könnte und wüsste alle Geheimnisse und alle Erkenntnis und hätte allen Glauben, sodass ich Berge versetzen könnte – und hätte der Liebe nicht, so wäre ich nichts. Und wenn ich all meine Habe den Armen gäbe und ließe meinen Leib dahingebend brennen und hätte der Liebe nicht, so wäre es mir nichts nütze. Nun aber bleiben Glaube, Hoffnung, Liebe. Diese drei. Aber die Liebe ist die größte unter ihnen.«

1. Korinther 13,1–3 und 13.

KAPITEL 11

# Zwei Ausreisen, ein Kind

»Ich hab in den ersten Jahren hier so viel geweint, wie vielleicht im ganzen Leben vorher nicht«, sagt Marlis Blume und hält beide Hände an die Wangen. »Es war sooo furchtbar. Ich wollte weg hier, nur weg hier!«

Das Wort »Integration« spielt noch keine große Rolle in der öffentlichen Diskussion. Wenn rund um Stuttgart von »Ossis« die Rede ist, meint man in den 70er-Jahren noch die ostfriesischen Wanderarbeiter bei Daimler. Verrückte Kerle, die in der Nacht von Sonntag auf Montag 800 Kilometer heruntergebraust kommen und freitagnachmittags wieder nach Hause fahren.

In unaussprechliche Heimatorte wie »Upgant-Schott«, »Wybelsum« oder »Ditzumerverlaat«. Dass sie denselben Dialekt haben wie Otto Waalkes, finden ihre Kollegen am Band eher witzig. Die junge Frau »von drüben« dagegen löst keine Heiterkeit aus.

Eigentlich hat sie alles: einen Mann mit Arbeitsstelle, ein gesundes Baby, eine passable Wohnung. Nur: Sozial integriert ist sie nicht. Ganz und gar nicht.

»Könnet Se koi Deutsch?!«, wird sie an der Supermarktkasse gefragt, als sie etwas akustisch nicht verstanden hat. »Doch. Besser als Sie!«, faucht Marlis zurück.

»Ich seh mich da noch stehen mit Michael vor dem Kindergarten. Rechts von mir die trutschig gekleideten schwäbischen Muttis. Auch wenn sie sich was Lustiges erzählen, klingt es immer wie Keifen. Hauptthema war meistens ›Wa kochet mer heut' dem Mo dahoim?‹ Und links von mir die höflichen türkischen Kopftuchmütter, die zupackenden griechischen Frauen, die Italienerinnen, aufgebrezelt wie Gina Lollobrigida, daneben die gemütlichen polnischen Mamas. Alle plaudern laut und schnell miteinander – nur ich stand immer dazwischen. Ich gehörte nirgendwohin, nirgendwo dazu, ich war überall außen vor.«

»Ossis« sind damals weder Deutsche noch Ausländer. Dieses Lebensgefühl kann sie nur ihrem Mann verständlich machen. Anderen gegenüber ist es schwer beweisbar, weil es meist keine konkreten »Schuldigen« gibt. »Meine Güte, was regst du dich auf? Stinkstiefel gibt es überall«, sagt sie sich bei kleinen Gehässigkeiten im Bus, auf dem Spielplatz, im Laden. Es ist eine generelle Atmosphäre, es ist die Lufthoheit über dem öffentlichen Raum, die ihr zu schaffen machen. Obendrein steht ihre mal melancholische, mal gereizte Stimmung unter dem Verdacht, nur weinerliches Selbstmitleid zu sein.

»Ich hatte furchtbares Heimweh«, bekennt Marlis. Ihr Verstand tadelt sie dafür. Dieses »Heim«, nachdem ihr weh ist, war so liebens- und lebenswert nun auch wieder nicht. Immerhin hatte sie es aufgegeben. Wofür, fragt sie sich jetzt.

Die Erinnerung an die Anstrengungen der Assimilation sind 20 Jahre später einer der Gründe, warum sie spontan Ja sagt zu einer türkischen Schwiegertochter. Warum es zwischen Zehras Mutter Türkan Tayanc und Marlis Blume positiv »funkt«. Warum recht schnell eine echte Frauenfreundschaft entsteht.

»Ich weiß gar nicht mehr, bei welcher Gelegenheit sich unsere Eltern das erste Mal begegnet sind«, erzählt Zehra, »aber die Chemie zwischen Michaels und meiner Mutter hat sofort gestimmt. Auch ohne viele Worte wussten die intuitiv, wovon die Rede ist und was für Erfahrungen, welches Lebensgefühl sie verbindet.«

Weg hier, nur weg hier – das empfindet Marlis als 19-jährige Schwesternschülerin in Halle an der Saale, seit ihr Freund Falko im April 1975 tatsächlich ausreisen darf und holterdiepolter im Zug nach Westen sitzt. Sie selbst liegt mit hohem Fieber in ihrem Ausbildungskrankenhaus St. Elisabeth und kann ihn nicht mal zum Bahnhof bringen.

Wenn ein DDR-Bürger seine Urkunde zur »Entlassung aus der Staatsbürgerschaft« erhält, dann steht in der heiß ersehnten »Genehmigung zur einmaligen und ständigen Ausreise« auch der Termin, bis wann er sein Land verlassen haben muss. Bei Leuten mit Immobilienbesitz manchmal über Nacht, bei den meisten anderen innerhalb weniger Tage. Und damit fürs Ausräumen, Verschenken oder gar Verkaufen der persönlichen Siebensachen nicht zu viel Zeit bleibt, muss der Ausreisewillige seine »Schuldenfreiheit gegenüber dem Staat« beglaubigen lassen. So, als hätten Privatpersonen jemals Kredite der Staatsbank bekommen. Aber je überstürzter die Leute verschwinden, umso mehr Wohnungen, Autos, Möbel und Wertgegenstände kann die SED einkassieren und günstig an treue Parteigänger weiterverkaufen.

Die Ausreise von Michaels Vater Falko im April 1975 geschieht exakt so. Eine westdeutsche Freundin seiner Mutter wohnt in Stuttgart-Möhringen. Es ist die einzige Anlaufstelle für Falko. Mehr als das, was in drei Koffer passt, hat er nicht dabei. Hier findet er fürs erste Unterschlupf.

»Mich hat seine erfolgreiche Ausreise motiviert, eisern und diszipliniert fürs Schwesternexamen zu büffeln«, erzählt Michaels Mutter. »›Im Westen brauchst du eine gute

Ausbildung‹, hab ich mir gesagt. Dann stellte auch ich meinen Ausreiseantrag. Und was soll ich sagen, kaum hatte ich das Formular beim Rat des Kreises abgegeben, wurde ich im Krankenhaus von gleich mehreren Assistenzärzten richtig zuvorkommend behandelt! Charmant, hilfsbereit, nett. Einer bot mir plötzlich das Du an, ein anderer flirtete sogar ein bisschen mit mir. So was schmeichelt einer kleinen Krankenschwester ja auch erst mal.«

Lauter heimliche DDR-Dissidenten und Parteikritiker? Freundliche Ärzte, die ihre Bewunderung für Marlis' Mut bekunden wollen und Solidarität signalisieren? Ganz im Gegenteil.

Antragsteller wie Falko und Marlis riskieren, vom »Ministerium für Staatssicherheit« als »feindlich negative Zielperson« eingestuft, von Spitzeln umgeben und mit perfiden Schikanen überzogen zu werden. Eine unbedachte Bemerkung – und die Antragstellerin reist nicht aus, sondern fährt ein. Ins Frauengefängnis Stollberg-Hoheneck zum Beispiel, »wo die politischen, die sogenannten Hoheneckerinnen saßen«, erzählt Marlis.

»Zum Glück durchschaute ich den faulen Zauber schnell, achtete auf jedes Wort, vor allem während der Nachtwachen, wenn ich mit einem Arzt alleine auf Station war. Im Sommer schaffte ich brav mein Examen, zog zu meinen Eltern nach Jeggau und machte erst mal nichts. Gar nichts. Nur warten.«

Im August 1975 rollt ein Wartburg auf den Hof. Die Polizei ist da. Sie holen Falkos kleinen Bruder Martin ab, der ein paar Ferientage zu Besuch ist aus Halle. Er hatte sich gestern Abend mit Marlis' Mofa so blöd im Wald verfahren, dass er auf die Feld- und Forstwege der Grenzanlagen geraten war. »Mein 15-jähriger kleiner Schwager kam eine Nacht in den Knast. Mir als Fahrzeughalterin wurde unterstellt, ich hätte ihn zum Ausspionieren einer Fluchtmöglichkeit an die Grenze geschickt! ›Ja bin ich denn so blond?!‹, hab ich denen beim Verhör gesagt.«

Es ist der 3. Oktober 1975. »Ausgerechnet ein dritter Oktober«, schüttelt Marlis Blume den Kopf und muss heute noch mit den Tränen kämpfen, wenn sie sich an das Gesicht ihres Vaters erinnert. Am Tag, als seine Tochter die Heimat verlässt. Voraussichtlich für immer. Noch hat dieses Datum ausschließlich private Bedeutung. Aber was für eine.

»Alle Koffer auspacken in Oebisfelde, jedes Kleidungsstück wird gefilzt, ganz schlimm. Drum herum Stacheldraht, Wachtürme, Bewaffnete überall. Dann rein in den Zug zum Übergang Helmstedt-Marienborn. Und eine ältere Dame aus Westdeutschland sitzt mir gegenüber und sagt: ›Fehlt Ihnen was? Sie sind ja so aufgeregt!‹ Ich konnte nicht mal antworten vor Anspannung. Erst als der Zug nicht mehr auf den Ost-Schwellen der Bahngleise durrum durrum durrum machte, sondern tsch tsch tsch – da wusste ich: Jetzt bin ich im Westen. Jetzt bin ich gleich bei ihm!«

Vor dem Bahnhof in Wolfsburg steht ein klappriger Renault R 4. Falko holt Marlis ab. »Bernhausen«, erklärt er ihr bei der stundenlangen Nachtfahrt in den Süden, »ein Dorf am Südrand von Stuttgart. Ich hab da jetzt eine möblierte Zweizimmerbude gefunden.«

»Tja, und – was Wunder – genau neun Monate später ist der Michael geboren«, lacht Marlis und wischt sich die Tränen aus den Augenwinkeln, »vielleicht hat er daher diesen Freiheitsdrang.«

Im Westen brauchst du eine gute Ausbildung, glaubt sie und präsentiert dem Personalleiter einer Klinik im Nachbarort ihre Zeugnisse, ihre Examensurkunde und alle Papiere, auf die sie stolz ist.

»Was ist das?«, fragt der und betrachtet die Unterlagen, als läge ein exotisches Insekt auf seinem Tisch.

»Ein Krankenschwestern-Examen«, sagt Marlis, »aus der DDR.«

Im Südwesten braucht man außer einer guten Ausbildung auch einen Glauben. Am besten den richtigen. Dies sei eine »anthroposophische« Klinik, erfährt sie.

Sie hat keine Ahnung, was das ist oder für ihren Beruf bedeutet.

»Zu jung« lautet die Begründung ihrer Ablehnung, denn – auch das lernt Marlis schnell – wegen fehlenden Glaubens darf offiziell natürlich keine Bewerberin abgelehnt werden.

Falko Blume hat da mehr Glück. Über handwerkliche Hilfstätigkeiten hier und dort findet er zunächst in einer Chemie-, dann in einer Werkzeugfirma Arbeit und landet schließlich sogar im »Landesamt für Besoldung und Versorgung« als Angestellter. Auch an einer anderen Stelle der Bürokratie machen die nötigen Papiere aus der DDR den erwünschten Eindruck: Am 19. März 1976 auf dem Standesamt. Aus Marlis Horn, noch keine 20, wird Marlis Blume.

»Damit des Butzele au in geordnete Verhältnisse kommt, gell«, sagt der freundliche Beamte mit Blick auf den beträchtlichen Bauch der Braut.

Kommt das Baby ausgerechnet am »Tag der deutschen Einheit«?

So heißt nicht etwa der von Bundeskanzler Helmut Kohl 1990 festgelegte 3. Oktober, sondern das ist während des Kalten Krieges der 17. Juni. Ein gesetzlich arbeitsfreier Feiertag in Erinnerung an den blutig niedergeschlagenen Volksaufstand gegen das SED-Regime am 17. Juni 1953 in

Ostberlin. Für Politiker aber auch eine alljährlich willkommene Gelegenheit, in Hörfunk, Fernsehen und Printmedien die moralische Überlegenheit des Westens zu preisen. Der Freiheitsdrang des ersten Kindes von Falko und Marlis aber ist noch zu bremsen. Ein paar Tage wenigstens.

Am 20. Juni 1976 steht die deutsche Nationalmannschaft im Finale der Fußball-Europameisterschaft. Endspiel gegen die Tschechoslowakei! Falko interessiert sich für beide Länder, will keine Minute verpassen. »Wir sind erst in der Halbzeitpause zu Hause losgefahren«, erinnert sich Marlis, »und ich hatte schon Wehen. Am Krankenhaus angekommen, sieht Falko, dass in der Pförtnerloge ein kleiner Fernseher steht. Er hatte ja keine Ahnung, wie schnell so eine Geburt gehen kann. Ich werde nach oben in den Kreißsaal gebracht, die Wehen werden unerträglich heftig, es dauert keine 20 Minuten, da ist der Michael gesund und munter auf der Welt. Nach einer gefühlten Ewigkeit kommt Falko ins Zimmer und sagt geknickt: ›Deutschland hat verloren. Nach 2 : 2, im Elfmeterschießen.‹

Und ich, erschöpft und glücklich: ›Du bist Vater geworden!‹«

»Dieses Kind wird wohl kein Fußballer«, scherzt die Hebamme, als sie den Kleinen in Falkos Arme legt.

KAPITEL 12

# Infolge einer Krankheit

Nein, taufen lassen die jungen Blumes ihren neugeborenen Michael nicht.

Wo und bei wem auch? Sie sind noch kein ganzes Jahr hier, sind erst seit drei Monaten standesamtlich verheiratet, kennen die Dorfkirche nur vom Glockengeläut her und haben kein Bedürfnis nach den verwundert-abschätzigen Fragen, wie man denn so jung schon verheiratet sein und Kinder kriegen könne. Zu Hause in der DDR wäre das völlig normal gewesen. Jetzt und hier, im neuen Zuhause, das gefühlt noch keins ist, findet man es unnormal, wie schnell sich Marlis wieder um eine Arbeitsstelle bewirbt. Obwohl es weder Krippen noch Kitas gibt.

»Ich bin in dieselbe Klinik reinmarschiert, die mich abgelehnt hatte, und hab gesagt: Hier, jetzt bin ich 20. Das Argument, ich sei zu jung, zieht nicht mehr. Die Urkunde meiner staatlichen Anerkennung in Baden-Württemberg hab ich inzwischen auch.« So viele überzeugte Anthroposophen, wie das Haus Krankenschwestern sucht, gibt es nun auch wieder nicht, oder?

Im Südwesten braucht man nicht nur eine gute Ausbildung und den richtigen Glauben, sondern auch Beziehungen. Marlis hat Glück: Eine leitende Angestellte erinnert sich lebhaft an »die Frau mit dem Endspiel-Baby«, an die »Fußballgeburt« Ende Juni, an die junge Mutter mit Power. Sie bekommt die Anstellung und zeigt schon in der Probezeit, dass ihre DDR-Ausbildung der westdeutschen in nichts nachsteht. Den Titel »examinierte Krankenschwester« hat sie sich damit zweimal erkämpft.

Eins lässt sich auch mit Strebsamkeit nicht kriegen: eine selbstverständliche, unproblematische Akzeptanz im Alltag zu Hause.

»Ich hab mir Wunder was für Lego-Baukästen vom Munde abgespart, wir achteten sehr auf seine Kleidung, er sollte doch endlich ankommen, wie jedes andere Kind. Aber er wurde immer wieder als Ossi gehänselt. Woher die Kinder das wohl hatten?«

Was hält die Eltern Blume im Ländle? Obwohl sie doch in besonders ärgerlichen Momenten davon träumen, in die westlichste Nähe der Großeltern zu ziehen? Nach Helmstedt, Braunschweig, Wolfsburg? Oder gar Westberlin? »Letztlich hielten uns unsere guten Jobs. Und Michaels Krankheit. Kurz vor seiner Einschulung nahm er stark ab, wurde immer schwächer und apathischer, und kein Kinderarzt wusste, wieso. Es gab dann eine Fehldiagnose, wie wir heute wissen, dann die falschen Antibiotika gegen Lymphknotenentzündung, und eines Morgens stammelt er was von Engeln. Er hätte von Engeln geträumt oder Engel gesehen. Da bin ich komplett zusammengebrochen und dachte, der Junge stirbt mir unter den Händen weg.«

Marlis Blume rast mit dem delirierenden Michael ins Krankenhaus.

»Ich hab mich zum Arzt durchgefragt und bin völlig ausgerastet: Sie machen den jetzt sofort auf! Operieren Sie ihn. Jetzt. Bitte.«

»Und danach hast du uns angerufen«, wirft Oma Elisabeth ein, »und nur kurz gesagt: Es ist kein Krebs.«

Später stellt sich heraus, dass die Krankheit durch einen

aggressiven, seltenen Virus ausgelöst worden war. Ein junger Assistenzarzt hat den richtigen Riecher, schlägt im Lehrbuch nach und findet dort die zu den Symptomen passende Krankheit. Dank einer medikamentösen Behandlung geht es dem jungen Patienten bald besser.

Dass Michael während der nun folgenden Wochen und Monate »eine ganz besondere Entwicklung« durchmacht, wie sein Vater später noch oft sagen wird, ist unübersehbar. Er ist stiller geworden, aber auch neugieriger. Mama liest ihm Asterix-und-Obelix-Geschichten vor, lässt die Hefte neben seinem Bett liegen und stellt schon bald erstaunt fest, dass er die Szenen nicht nur auswendig wiederholen, sondern tatsächlich lesen kann!

»Als er in die Grundschule kam, konnte er lesen. Inklusive einiger Brocken Latein. Er interessierte sich für römische Geschichte, ob und wo der Limes am Neckar und am Rhein entlang verlaufen war. Kaum hatten sie in der Schule schreiben gelernt, schrieb er zu Hause ganze Kladden voll. Mit selbst erfundenen Geschichten. Michael las alles, was herumlag. Manchmal sogar im Gehen. Der ist über Fahrradständer geflogen, gegen Zäune und Bäume gerannt, weil er dauernd irgendein Papier vor der Nase hatte. Als sie am Gymnasium Englisch lernten, machten wir Urlaub in den USA. An den schönsten Naturwundern und Landschaften blieb Michael im Auto sitzen und las amerikanische Zeitungen.«

Als Falko vorschlägt, endlich das Fahrrad zu reparieren und zu putzen, ziehen Vater und Sohn mit Eimer, Lappen, Stahlbürste und Schraubenzieher vors Haus.

»Ich rufe sie aus dem Fenster herunter zum Essen, da putzt mein Mann das Fahrrad und Michael sitzt auf dem Bordstein und liest.«

»Wenn ich las, hatte ich plötzlich keine Schmerzen mehr, sondern entdeckte Welten. Also habe ich gelesen. Und hab damit ja bis heute nicht aufgehört«, erinnert sich der leidenschaftliche Wissenschaftler an die Krankheit und ihre Folgen.

Und der Traum mit den Engeln? Sein Blick geht versonnen in die Ferne. »Gegenüber von meinem Kinderzimmer gab es einen Friedhof. Ich war noch nicht religiös, und das schien auch nicht nötig. Zwei Engel hatten mich vor dem Friedhof abgefangen und mir erklärt, dass es noch nicht Zeit wäre. Da warte noch ein Leben mit ›Aufgaben‹ auf mich. Das klang irgendwie nach Schule, in die ich ja zurückwollte. Als ich aufwache und das meiner Mutter freudestrahlend erzähle, findet sie das schrecklich und fängt an zu weinen! Das hab ich nicht verstanden. Ich glaubte den beiden Engeln einfach, wie das nur Kinder können.«

Michael erzählt das ohne mystisches Geraune oder den Tonfall eines Erleuchteten. Wie selbstverständlich fügt er noch an: »Und ich hoffe, sie am Ende wiederzusehen. Als Religionswissenschaftler weiß ich natürlich, dass es auch nur eine Reaktion der Psyche auf Schmerz und Angst gewesen sein kann. Aber es hat funktioniert. Ich denke, Kinder sehen oft mehr.«

Der Lese- und Bildungshunger zahlt sich aus. Michael wird mit jedem Schuljahr besser, räumt Ehrungen und Preise für beste Klassenarbeiten, Referate und Projekte ab. Aber Everybody's Darling wird er dadurch nie. Er muss nach dem Krankenhaus neu laufen lernen, schämt sich für seine dürftigen handwerklichen oder gar sportlichen Leistungen. Wenn Mannschaften zusammengestellt werden, will ihn keiner haben. Am liebsten würde er im Boden versinken. Oder lesen.

»Wir haben motivationstechnisch alles bei ihm probiert. Anreize, Schnupperimpulse, freundliche Schubse in andere Richtungen. Sportverein? Fehlanzeige. Musikinstrument lernen? Katastrophe«, ergänzt seine Mutter, »bis Falko mich dann zurückgepfiffen hat und meinte: ›Jeder soll das machen, wofür er geboren ist. Du hast doch selber gesagt: Fußballer wird er nicht. Aber Freiheit ist das Wichtigste. Auch für ein Schulkind. Lass ihn in Ruhe selber entscheiden.‹«

Michaels vorsichtige Zurückhaltung bei Erstbegegnungen, seine stets spürbare Ernsthaftigkeit bei allem, was er tut oder unterlässt, sein ausgleichendes, harmoniebedürftiges Wesen und seine profunde Allgemeinbildung werden geachtet und geschätzt und gelobt – aber als Stimmungskanone, Witzbold und Partykracher, den man auf Teenagergeburtstagen und Klassenfahrten, im Freibad und nach gewonnenen Fußballspielen gebrauchen könnte, ist Michael eine Fehlbesetzung. Und während andere 14- oder 15-jährige Jungen strategisch planen, bei welchen Kumpels es keine kleinen Geschwister und keine neugierigen Nachbarn, wohl aber mehrtägig abwesende Eltern auf Dienstreise gibt, sodass man in deren Wohnung mit der Freundin mal in Ruhe … – währenddessen erfreut sich Michael Blume an der Erschaffung von Fantasiewelten. Und engagiert sich in einer politisch konservativen Partei.

Auf politisches Rot reagiert er allergisch. Die Realität der DDR steht ihm vor Augen. Bei der FDP sind die Kinder reicher Leute. In der CDU lacht man nicht über seine Hoffnung, dass die Mauer einmal fällt.

»Als mir mein Vater das Rasieren beibrachte, sagte ich beiläufig, dass ich mit ihm gerne mal über den Mauerstreifen gehen würde, sobald die DDR frei wäre. Er lachte: ›Eher landen hier die Ufos!‹ Es war die einzige Wette, die er je gegen mich verlor.«

»Ich schiebe Nachtwache in der Klinik«, erzählt Marlis, »da ruft Falko an und sagt: ›Die Grenze ist offen! Die lassen Leute durch die Mauer!‹ Und ich: ›Prost, mein Schatz, zum Wohl. Sonst noch Neuigkeiten?‹, und will schon wieder auflegen, da schaltet eine Kollegin den Fernseher an. Ich bin nach Hause gerannt, und wir haben die Nacht durchgeheult. Dann ans Telefon, und zwei Tage später hatten wir schon das Haus voller Leute. Die Kinder haben auf Luftmatratzen und in Schlafsäcken bis unterm Auto in der Garage geschlafen, so viele Bekannte und Freunde und Verwandte waren da.«

Falko Blume feiert mit, aber innerlich mit angezogener Handbremse. Er mag sich von der Masseneuphorie vom 9. November 1989 und dem Freudentaumel in den Wochen danach nicht vereinnahmen lassen. Zu tief sitzt das Misstrauen gegen Honecker, Mielke & Co. Zu groß auch die Angst, Armee und Geheimdienst, Staatssicherheit und russisches Militär könnten doch noch versuchen, das Ruder gewaltsam herumzureißen. In Prag hat er es schließlich erlebt.

»Wie stark Michael beeindruckt war, dass diese erste und einzige unblutige Revolution in Deutschland mit Gebeten angefangen hatte – in den Kirchen, mit Kerzen, muss man sich mal vorstellen! –, das haben wir gar nicht so mitgekriegt«, wundert sich seine Mutter im Nachhinein, »weil er die Wiedervereinigung ja immer auch differenziert beobachtet hat.«

Ähnlich kritisch wie sein Vater registriert Michael nämlich, dass nicht einfach »alles gut« wird, wenn ein Regime fällt. Dass sich die ersten Ostdeutschen schon bald nach der vermeintlichen Sicherheit einer Diktatur zurücksehnen. Dass sich Neid und Konkurrenzdenken in die Befreiungsfreude mischt: Es gibt hier in Westdeutschland »Alt«-Ossis wie Familie Blume, und es gibt jetzt »Neu«-Ossis. »Wir«, die wir noch heftig unter einem brutalen Unrechtsstaat gelitten haben und unsere Freiheit mit dem Verlust der Heimat bezahlten, »wir« wurden weit weniger freundlich empfangen als »die«. Diejenigen, die vor Kurzem kamen, die schlicht und einfach ohne nennenswerte Verluste durch abmontierte Stacheldrahtzäune und eine zerbröselte Mauer in den Westen getuckert sind. Die ihre zum Teil üppigen Sparguthaben eins zu eins in West-Mark umtauschen durften, allerlei Start- und Eingliederungshilfen, Steuervergünstigungen und Kredite in Anspruch nehmen – und dafür als Helden der friedlichen Revolution gefeiert werden?

Während »zu Hause« – im alten Ostdeutschland, in Helmut Kohls »blühenden Landschaften« – immer mehr Arbeitslosigkeit und Korruption blühen, weil internationale Weltkonzerne sich ruckzuck ein paar ostdeutsche Konkurrenten vom Hals schaffen oder ihre westdeutsche Werkbank ins neue Billiglohnland Ex-DDR verlängern?

Fragen, die einen politisch interessierten Schüler in der Mittel- und Oberstufe nicht gerade beschwingter machen, wenn er ohnehin gerade mit sich und der Welt und der Frage nach Gott ringt. Marlis Blume erinnert sich: »Seine persönliche Sinnkrise, dieses Nachlassen der politischen Motivation und dann seine Gespräche mit dem Pfarrer von Bernhausen – das lief bei uns mehr so nebenher. Wir waren später einfach nur stolz auf sein Abitur, wir fanden es gut, dass er nach der Bundeswehr eine Banklehre machen wollte. Und dann sahen wir, wie verliebt unser Sohn war. Das alles machte uns sehr glücklich.«

KAPITEL 13

# Der Hoffnungsträger seiner Bank schmeißt hin

Kann ein Mensch aus dem 13. Jahrhundert einem Menschen aus dem 21. Jahrhundert die Pläne durchkreuzen, die Prioritäten verändern und die Ziele verschieben?

Nun gut, wer gerne Biografien historischer Helden liest, mag für einen Urlaub oder ein paar Wochen lang beeindruckt, bewegt, vielleicht sogar über sich selbst nachdenklich geworden sein. Von den Siegen und Niederlagen, den biografischen Brüchen und weisen Sprüchen eines großen Toten. Aber so richtig existenziell und schicksalhaft aus der Bahn geworfen werden, geht das?

Wie qualifiziert die Berufsberatung ist, zu der die Schulen ihre Abgänger schicken, darüber kann man geteilter Meinung sein. Nimmt man im örtlichen »Berufs-Informationszentrum« die Begabungen und Neigungen der jungen Ratsuchenden wirklich ernst? Oder sind es eher der Arbeitsmarkt und die regionalen Betriebe, deren Personalbedarf hier argumentativ vertreten wird?

Zehra Tayanc würde gerne BWL in Konstanz studieren. Sie und ihre Freundin Miri füllen mit Kugelschreiber einen umfangreichen Papier-Fragebogen aus und sind noch kaum fertig, da ruft die Beraterin schon: »Kaufmännisch! Irgendwas Kaufmännisches passt zu Ihnen. Gibt's viele Stellen hier.«

Miri wird Industriekauffrau, Zehra bewirbt sich bei der Landesgirokasse. Spießig!, würde da nicht nur jene Lehrerin schimpfen, die schon mit der frühen Bindung an einen künftigen Ehemann Probleme hatte. Aber Arbeiterkinder wissen, was ein guter Arbeitsplatz wert ist.

Und Michael?

»Wären Sie bereit, eventuell auch an Auslandseinsätzen der Bundeswehr teilzunehmen?«, fragt man ihn auf jenem »Kreis-Wehrersatz-Amt«, das in den Jahrzehnten des Pflichtwehrdienstes junge Männer rekrutierte, die nicht vom Recht auf Wehrdienstverweigerung Gebrauch machten, um »Zivis« zu werden. »Ja«, sagt er mit Überzeugung, denn er will sich nicht drücken: In der Jungen Union hatte er dafür plädiert, die Kriege auf dem Balkan militärisch zu beenden. Michael verlängert seinen neunmonatigen Wehrdienst freiwillig um drei Monate, muss aber zum Glück nicht in die kriegerische weite Welt, sondern nur an eine sehr friedvolle Grenze: Ins baden-württembergische Ulm, gegenüber vom bayerischen Neu-Ulm. Im dortigen »Krisenreaktionskräfte-Lazarett« gelten Sanitäts-Obergefreite unter blauem Barrett als »Schlümpfe«. Abiturienten als »Lesestubenschlümpfe«. Michael ist beides.

Als er das Olivgrün der Bundeswehruniform endgültig an den Nagel hängen darf, tauscht er es gegen das Graublau seines ersten Businessjacketts. Folgt das Ex-Ossi-Kind aus kleinen Verhältnissen also doch dem Lockruf des Geldes, als es sich bei derselben Landesgirokasse bewirbt wie Zehra?

»Nein, dem Lockruf der Freiheit. Wir waren ja inzwischen verheiratet, und ich wollte auf keinen Fall meinen Eltern oder meiner Frau auf der Tasche liegen. Ich bin kein Genussmensch, der Luxus braucht, um sich wohlzufühlen. Aber finanzielle Unabhängigkeit, die brauche ich schon. Zehra war da in der Bankausbildung, ich fragte sie ab und dann, tja, typisch, konnte ich ihre Lehrbücher nicht mehr aus der Hand legen …«

Das glänzend glatt polierte Ambiente aus pieksauberen Böden, spiegelnden Glastüren, dezentem Pflanzenschmuck um halb verdeckte Sitzgruppenmöbel und aufgeräumte Schreibtische passt irgendwie zum Aufstiegswillen der beiden. Unauffällig adrett gekleidete Damen und Herren eilen beflissen, aber geräuschlos, treppauf und -ab, sind umwerfend korrekt und diskret – eine Atmosphäre, in der sich die Jungverheirateten wohlfühlen. Erst recht, wenn sie mal eine eigene Wohnung haben wollen.

Kaffee holen, Kontoauszüge abheften, Werbebroschüren von hier nach dort sortieren. Dabei bleibt's nicht. Sie werden zu »Finanzassistenten« ausgebildet. Eine verkürzte Banklehre mit Zusatz-Themen wie Steuerrecht und Kapitalmarkt sowie der Aussicht, anschließend vielleicht ein Studium draufzusatteln. Der Lernstoff fällt ihnen leicht, die Arbeit macht ihnen Spaß, denn »wir konnten selbst entscheiden, welche Spar-, Anlage- oder Kreditmodelle wir den jeweiligen Kunden empfehlen«, erinnert sich Zehra.

Dann aber wird Michael versetzt in eine andere, große Filiale. Statt eines flexiblen Punktesystems werden konkrete »Verkaufsziele« besprochen, wie viele Papiere und Verträge pro Monat und Mitarbeiter abgeschlossen werden müssten.

»Und als ich dann Finanzprodukte verkaufen sollte, die wir uns selber niemals ins Depot gelegt hätten, kam ich in Gewissenskonflikte.«

Nein, die knapp zehn Jahre später hereinbrechende Banken- und Finanzkrise sieht er nicht kommen. Die Grenzen einer Bank-Karriere schon. Obwohl sich Zehra an ihrem

Arbeitsplatz wohler fühlt als er, diskutiert sie das intensiv mit. Ein Banker im Gewissenskonflikt?

Es ist dieselbe Versuchung, der Michael schon als Beinah-Konfirmand widerstand: einen »Glauben« vorzutäuschen, um Profit zu machen. Michael beruhigt sein Gewissen damit, dass er ja noch Azubi sei und die größeren Zusammenhänge nicht verstehe. Er beobachtet seine Kolleginnen und Kollegen: »Viele feine Leute, die diese kognitive Dissonanz, diesen Widerspruch in ihrem Job, durch gemeinnütziges Ehrenamt kompensierten und ebendort ihren Sinn fanden. Die waren bei der Freiwilligen Feuerwehr, in Elternbeiräten, in Vereinsvorständen aktiv. Alles prima, aber ich konnte mit dem Fragen nicht aufhören.«

Er bittet um einen Termin bei seinen Ausbildern und schlägt ein Fortbildungsmodul vor, »unsere gegenwärtige Praxis als Bank doch mal im Kontext der Gesamtwirtschaft kritisch zu durchleuchten und uns klarzumachen, wofür wir eigentlich arbeiten«. Die Herren des Geldes verkneifen sich ihr mitleidiges Lächeln und bleiben höflich: Kollege Blume überschätze das Interesse der Belegschaft wohl ein wenig und möge doch bitte erst mal tüchtig Papiere und Verträge verkaufen, statt wolkige Sinnfragen aufzuwerfen.

Aber wie wär's mit einem Studium der Volkswirtschaft? Und in den Semesterferien immer mal praktische Arbeit am Bankschalter? Und nach dem Examen dann ein Jobangebot hier im Hause? Vielleicht springt ja sogar – in Begleitung seiner muslimischen Frau Gemahlin – später mal eine Aufgabe in Dubai dabei heraus!

Die Botschaft ist unmissverständlich: Der Junge hat Flausen im Kopf, aber er hat Potenzial. Schicken wir ihn doch erst mal an die Uni.

Warum liest Volkswirtschaftsstudent Michael Blume ausgerechnet Franz von Assisi, während er sich in Tübingen bereits seit einem Semester »durch Statistiken und mathematische Formeln eines strohtrockenen Studiums quält«? Zehra war auf einer Schule von Franziskanerinnen sehr glücklich, nun gut. Aber was hat er, der strebsame, disziplinierte Sohn eines Angestellten, mit Francesco Bernadone aus dem 13.Jahrhundert zu tun? Mit dem verlotterten, trinkfesten Sohn eines reichen Textilhändlers? Franz konnte seinen Partyfreunden immer großzügig Geld leihen aus dem Vermögen seines Vaters. Michael würde sich schämen, weiterhin Geld von seinen Eltern zu nehmen. Zwischen beiden Personen liegen rund 800 Jahre Zeitunterschied, und objektiv gibt es keinerlei Vergleichbarkeiten. Oder doch?

Unternehmersohn Franz aus der Kleinstadt Assisi im mittelitalienischen Umbrien (1182 bis 1226) hatte auf einer Wallfahrt nach Rom eine Art Bekehrungserlebnis, als er in einem Traum hört: »Wer kann dir Besseres geben, der Herr oder der Knecht?« »Der Herr natürlich«, antwortete Franz. »Warum dienst du dann dem Knecht statt dem Herrn?«, fragte die Stimme. Also dem Geld statt Gott?

Als Francesco einem Bettler begegnet, so die Legende, tauscht er mit ihm die Kleidung, um das Gefühl von Armut auszuprobieren. Aus Rom zurück, verteilt er freigiebig Almosen an Bedürftige, woraufhin Papa Bernadone seinen Sohn verklagt. Während der öffentlichen Gerichtsverhandlung auf dem Marktplatz von Assisi im Frühjahr 1207 zieht sich Francesco nackt aus, wirft seinem Vater buchstäblich »die Klamotten vor die Füße« und verzichtet damit auf ein Millionenerbe.

Michael stößt auf ein Zitat des Ordensgründers Franz von Assisi: »Denn als ich in Sünden war, kam es mir sehr bitter vor, Aussätzige zu sehen. Und der Herr selbst hat mich unter sie geführt, und ich habe ihnen Barmherzigkeit erwiesen. Und da ich fortging von ihnen, wurde mir das, was mir bitter vorkam, in Süßigkeit der Seele und des Leibes verwandelt.«

Nun ja, die Sprache ist ihm fremd, und die »Süßigkeiten des Leibes« sind leichter nachvollziehbar als die Behauptung, ausgerechnet Krankenpflege könne eine »Süße der Seele« erzeugen. Außerdem – da liegen ja noch so viele Fachbücher über Volkswirtschaft auf dem Nachttisch! Müssen dringend gelesen werden, bevor es morgen in den Alltag geht. Zu einer Vorlesung bei Joachim Starbatty zum Beispiel. Der Professor ist eine Koryphäe seiner Zunft. Erst Berater der CDU/CSU-Bundestagsfraktion in Fragen der Wirtschafts- und Währungspolitik, dann Lehrstuhlinhaber an den Universitäten Köln und Bochum, seit mehr als zehn Jahren Dekan der wirtschaftswissenschaftlichen Fakultät in Tübingen. Sein Thema schon seit Wochen: Der »Homo oeconomicus«, der Mensch also, der in allen Lebensbereichen den naturhaften Kampf ums Dasein im Blick behält, den Nützlichkeitswert von Gütern, Dienstleistungen und Beziehungen berechnet und diesen Nutzen maximiert. Die Sache mit dem immer größeren Nutzen hat allerdings – laienhaft vereinfacht gesagt – einen Haken: Die erste Bratwurst nach großem Hunger schmeckt wie ein Gottesgeschenk. Die zweite schmeckt noch lecker. Nach der dritten bin ich satt. Die vierte bis zehnte Wurst ist definitiv verzichtbar. Die zwanzigste ekelt mich an.

»Abnehmender Grenznutzen« heißt das in der Volkswirtschaftslehre. Für die Hersteller und Anbieter von Waren und Dienstleistungen, vor allem aber für Marketingleute und Werbetreibende stellt sich deshalb die Aufgabe, wie man den Konsumenten davon überzeugt, dass er neue Dinge braucht, die er eigentlich nicht braucht.

Joachim Starbatty in seiner Tübinger Vorlesung steht mit einem Stück Kreide in der Hand an der grünen Schiefertafel – riesige Tablet-gesteuerte Bildschirme sind Ende der 90er-Jahre noch unvorstellbar – und verwendet statt »Bratwurst« das Beispiel »Kuchen und Eis«. Unter den – noch eifrig von Hand mitschreibenden – Studierenden fällt einem von ihnen bei »Kuchen und Eis« das Stichwort »Süßigkeit« ein. Die »Dolce« des heiligen Franz von Assisi!

Michael Blume meldet sich – schon allein das ist ungewöhnlich, solange es noch um Eingangsthemen geht – und stellt eine Frage: »Woher stammt diese Nutzenfunktion? Franz von Assisi empfand Süße nicht bei Kuchen und Eis, sondern bei der Pflege eines leprakranken Menschen. Wie passt das in ein Modell des ›abnehmenden Grenznutzens‹?«

Er meint das nicht provokativ, er ist nur ehrlich interessiert.

Im Saal wird es totenstill. Starbatty holt Luft, als müsse er sich aufpumpen, und stellt klar, wer der Chef im Hörsaal ist: »Wenn Sie das erklärt haben wollen, sind Sie hier falsch! Dann studieren Sie doch nicht Volkswirtschaft, sondern Religionswissenschaft, Menschenskind!«

Michael schießt Röte ins Gesicht. Braucht er diese heftige Ansage wie Francesco die Traum-Halluzination auf dem Weg nach Rom?

»Was der Starbatty da sagte – er hat als vehementer Euro-Kritiker übrigens 2013 die AfD mitbegründet –, das war für mich ein wegweisendes Fanal, ein Schlüsselerlebnis. Ich lehnte mich zurück und dachte: Der Mann hat recht!

Was mache ich hier noch? Der ›Homo oeconomicus‹ ist Schwachsinn. Sogar meine Kollegen in der Bank wollen vom Leben mehr als Nutzenmaximierung. Wollen Sinn statt Kuchen und Eis. Den haben sie dann halt nach Dienstschluss gelebt. Freiheit ist doch keine Gleichung, deren Lösung von vornherein feststeht. Freiheit ist, glauben zu dürfen, wovon man überzeugt ist. Reisen zu können, wohin man will. Lieben zu dürfen, wen man will! Ich stand auf, fuhr nach Hause und sprach mit Zehra.«

Es gibt nämlich mindestens zwei Probleme: Zu diesem Studium der Volkswirtschaft ist er von seiner Bank quasi entsendet worden. Man zählt auf ihn. Michael würde auch in künftigen Semesterferien gerne bei der Bank arbeiten. Und zweitens: Er hat ein Stipendium der Konrad-Adenauer-Stiftung. Für Volkswirtschaft. Nicht für das Studium der Werke des Franz von Assisi.

Zehras Antwort ist eindeutig: »Was will ich mit einem Mann, der zwar Geld nach Hause bringt, aber dabei unglücklich ist? Wenn du umsatteln kannst, dann sattel um!«

»Mit Religionswissenschaft könnte ich aber nicht Pfarrer werden. Nicht mal Religionslehrer.«

»Was reizt dich dann an diesem Fach?«

»Dass nicht eine Wahrheit vorgegeben ist, sondern Religiosität an sich erforscht wird. Also eigentlich der Mensch selbst. Dass beschrieben, analysiert und verglichen wird, dass man …«

»Und was wird man damit am Ende als Brotberuf?«

»Äh …«

Zehra schmunzelt. Sprachlos ist ihr Mann selten.

»Dann mach es. Ich bin bei dir.«

KAPITEL 14

# »Ihr seid zu spät. Die Türme brennen«

Der Weihnachtsbaum, der nicht in der Bibel steht, aber in jedem Wohnzimmer, lässt Michael nicht los. Muslimische Jugendliche hatten ihn danach gefragt. »Eigentlich hatte mein persönlicher Weg zum Glauben ja damit angefangen.«

Jetzt, während er im ersten Jahr seiner blutjungen Ehe mit Zehra die vielen kleinen, aber entscheidenden Rituale eines bi-religiösen Alltags einübt – Tischgebet oder nicht? Schuhe ausziehen im Flur? Gebetsteppich im Schlafzimmer? –, hört er plötzlich von überall her, wie viele Heranwachsende seines Alters dieselben Fragen haben. Ob sie einen Partner haben oder nicht, »gibt es doch längst islamisch erzogene Migrantenkinder der zweiten Generation, die sich nicht mehr als Ausländer verstehen wollen, die Muslime bleiben und dennoch Deutsche werden wollen«. Darüber will er mit ihnen reden, »ohne vorher in Ankara nachzufragen, ob ich das darf«.

Auf der Suche nach Leuten, die damit Erfahrung haben, stößt er auf eine »christlich-islamische Gesellschaft« in Pforzheim. Bestehend aus »sehr netten, sehr gebildeten älteren Herren und zwei, drei Damen, die sich zum kultivierten Gedankenaustausch über iranische Kunst und osmanische Geschichte trafen. Ein bisschen wie Tea-Time im Herrenzimmer. Fehlt nur noch Sir Lawrence von Arabien. Nett, aber noch nicht unser Ding«.

Zehra und Michael entdecken, dass es innerhalb der Kirchengemeinden zwar versteckt ängstliche oder offen aggressive Islamhasser gibt – und ahnen natürlich nicht, dass die sich 15 Jahre später als Partei organisieren werden. Aber sie merken auch schnell, dass dort auch abgehobene Schöngeister unterwegs sind. »Islamophile« Pfarrer, Ehrenamtliche, Bildungsveranstalter oder Religionslehrende, die alles umarmen, was irgendwie »interreligiös« daherkommt. Die bei Treffen im Fastenmonat Ramadan aus lauter Solidarität mit Muslimen erst nach Sonnenuntergang Sitzungskekse und Gremienkaffee hinstellen. Als Seelsorger können sie die negativen Nebenwirkungen des autoritären Patriarchats schönreden und ihren Konfirmanden mehr über die Heiligkeit der Kaaba in Mekka als über Moses, David, Jesus oder Paulus erzählen. Der tatsächlich weitverbreiteten Unkenntnis über den Islam setzen sie ein didaktisches Übersoll entgegen, was die Belehrten irgendwann mit Gereiztheit quittieren.

Den bi-religiösen Liebespaaren, die sich mit Zehra und Michael über ihre manchmal betonköpfigen Eltern austauschen, hilft solche naive Islambegeisterung aber nicht. Den intellektuellen Muslimen auch nicht und den engagierten Moschee-Mitarbeitern, die von geistig schlicht gestrickten Imamen der türkischen Religionsbehörde ausgebremst werden, erst recht nicht. Das echte Leben passt nicht in allzu simple Modelle. Ein ehrliches, ein konkret geerdetes, ein praktisches Dialogforum muss her, findet Michael.

»Wir gründeten 1998 eine christlich-islamische Gesellschaft mit ausschließlich jungen Leuten, schrieben unsere Satzung teilweise von einem Tierschutzverein ab und luden in die Stadthalle ein. Als ein Journalist fragte, wie viele Interessenten ich erwarte, behauptete ich mutig: zwanzig. Es kamen über einhundert.«

Man veranstaltet Begegnungen, schreibt und spielt Theaterstücke, unternimmt gemeinsame Exkursionen, hört und hält Vorträge und Diskussionen.

Immer geht es um die Frage: Wie können Christen und Muslime nicht nur friedlich koexistieren, sondern gesellschaftlich und kulturell produktiv kooperieren?

Hilft da eine ernst genommene, praktizierte Spiritualität oder hindert sie nur?

Absoluter Renner im Programmangebot der Gesellschaft für christlich-islamischen Dialog e.V. sind Frauentreffen im Kloster Denkendorf.

»Weil nur Frauen hindurften, kamen auch einige muslimische Frauen aus sehr traditionellen Familien. Endlich mal raus und selbstständig mit christlichen Frauen in einem christlichen Kloster klönen – das hat unglaublich viel bewirkt. Irgendwann kamen dann auch die Ehemänner zu den Dialogveranstaltungen.«

Es gibt einen »Arbeitskreis Theologie«, in dem die grundlegenden, die religiös brennenden Fragen behandelt werden. Die evangelische Akademie Bad Boll bietet großzügig Tagungsräume an, Pfarrer Wolfgang Wagner vermittelt kompetente Referenten. Schon bald wundert es niemanden mehr, dass ein milchgesichtiger Student auf diesem Olymp des Intellekts vorträgt. »Der junge Herr Blume kennt sich halt mit Türken aus. Ist ja sogar mit einer verheiratet«, tratschen die Leute, »oder sagt man jetzt Muselmanen?«

Müssen Patienten im Krankenhaus Angst haben vor einem irakischen Arzt, dem Koran-Sure 5,33 als heiliges Wort Gottes gilt (»Die Vergeltung für die, die gegen Allah sind, soll sein, dass sie getötet oder gekreuzigt werden oder ihnen Hände und Füße wechselseitig abgehackt werden.«)?

Müssen Hochzeitsfotografen und Frauenärztinnen ihre Empörung verschweigen, wenn sie 12- oder 14-jährige verheiratete Mädchen vor sich haben, nur weil Prophet Mohammed die neunjährige Aischa ehelichte?

Warum beten Muslime zu Allah als »All-Erbarmer«, obwohl es so viele grausame Stellen im Koran gibt? Meint der Begriff »Dschihad« wirklich nur »Anstrengung, auf dem Weg Gottes zu bleiben«, oder nicht doch »Krieg gegen die Ungläubigen«? Dürfen Muslime genauso unbekümmert »Dschihad« sagen, wie US-Prediger Billy Graham seine Evangelisationen »Kreuzzüge« nannte und freikirchliche Pfingstler von »geistlicher Kampfführung gegen den Geist der Welt« sprechen?

Muslimische Vertreter fragen zurück – und wenn sie zu höflich oder schüchtern sind, tut es Michael selbst: Wie heilig ist Christen ihre »Heilige Schrift«? Ist alles an und in ihr »Gottes Wort«? Oder sind es nur jene Teile, die nicht dem Geist und der Botschaft des Jesus von Nazareth widersprechen? Müssen die Muslime vor den Christen oder gar die Christen vor den Juden Angst haben, solange es Bibelstellen gibt wie Josua 6,20. 24 und 25 (»Die Israeliten vernichteten mit ihren Schwertern alles Leben in der Stadt: Männer und Frauen, Kinder und Greise. Schließlich steckte man Jericho in Brand. Von den Einwohnern ließ Josua niemanden am Leben.«) und 1. Samuel 15,2. 3 (»Der Herr, der allmächtige, hat gesagt: Verschone nichts und niemanden, sondern töte Männer und Frauen, Kinder und Säuglinge«)?

Warum beten Christen zu einem »barmherzigen Vater im Himmel«, wenn der in Deuteronomium 32,42 von sich selbst sagt: »Meine Pfeile mache ich trunken von Blut, während mein Schwert sich ins Fleisch frisst – trunken vom Blut Erschlagener und Gefangener.«?

»Über deine eigene Religion erfährst du am meisten im Dialog mit anderen«, merkt Michael bald. Selbst erst seit wenigen Jahren Christ, lernt er durch die Besucher der Akademie Bad Boll die »konfessionelle Landkarte« Deutschlands kennen. Dass Köln katholisch, Hamburg evangelisch und Berlin atheistisch ist, gibt nur ein grobkörniges Bild ab. Deutschland hat mehrere »fromme Bibelgürtel« – das Siegerland, das Erzgebirge –, und einer ist hier, merkt er.

Das Schwabenland. Stuttgart und der Schwarzwald, Filderstadt und Bad Boll zum Beispiel.

Ihm kommt ein verwegener Gedanke: Könnten diese Leute, die »Pietisten«, nicht eine geeignete Brücke sein zu den besonders »koranglӓubigen« Muslimen? Zehra und Michael denken oft an die dialogfähige Offenheit von Zehras einstiger Tagesmutter Helene. Aber so aufgeschlossen sind nicht alle: In kirchlichen Veranstaltungen, zu denen Michael jetzt immer häufiger eingeladen wird, entdeckt er eine seltsame Heuchelei: Ausgerechnet besonders »bibeltreue« Christen verlangen von Muslimen eine »aufgeklärte« Lesart und Auslegung des Korans. Eine »historisch-kritische« Exegese also, die sie für sich selbst und ihre Bibellektüre vehement ablehnen.

An der Universität Tübingen dagegen, wo Michael soeben sein Volkswirtschaftsstudium abgebrochen und die Religionswissenschaft begonnen hat, trifft er auf einen Professor, der sich sofort und geradezu traktorbrachial als Atheist bekennt: Günter Kehrer. Ehemals evangelischer Theologe, dann aus der Kirche aus- und in den »Internationalen Bund der Konfessionslosen und Atheisten« eingetreten. Wissenschaftlicher Beirat der (atheistischen) Giordano-Bruno-Stiftung. Im Internet-Lexikon Wikipedia, gerade erst im Entstehen begriffen, wird es von ihm heißen: »Ein Religionssoziologe, der vor allem durch sein Engagement gegen Kirche und Religion bekannt wurde.«

»Wir mochten uns auf Anhieb. Kehrer war links bis zum Anschlag, im Grunde einer der letzten echten Marxisten, und hielt alle Gläubigen, egal welcher Religion, für irregeleitete, denkfaule oder intellektuell inkonsequente Sektierer. Was er nur noch schlimmer fand, waren langweilige und demütige Studenten. In mir, einem engagierten CDU-Mitglied, Banklehrling mit Einserabschluss und Volkswirtschaftsfuzzi, einem erst kürzlich getauften Neu-Christen und Islamversteher, fand er einen echten Sparringspartner für Geistesgefechte! Nicht auf den Mund gefallen, widerständig genug als Boxsack, ausreichend flexibel als Trainingsgegner. Und bereit, bis zum nächsten Seminartermin jedes Buch zu lesen. Ich freute mich auf jede Begegnung. Endlich waren keine Fragen mehr verboten, wie bei Professor Starbatty. Wir wurden übers Debattieren richtig Freunde. Als ich später meine Doktorarbeit bei ihm anfing, empfing er mich spitzbübisch lächelnd in einem Marx-und-Engels-T-Shirt. Aber ich wusste immer, wenn er ein Argument gelten lässt, dann taugt es was.«

Günter Kehrer macht Michael darauf aufmerksam, dass ein schwuler preußischer König, Friedrich der Große, 1740 die Gewissens-, Meinungs- und Religionsfreiheit und die Gleichheit aller vor dem Gesetz befördert hatte. Dass es 1789 atheistische französische Revolutionäre waren, die dafür kämpften. Für Pressefreiheit, eine unabhängige Justiz und zivile Bürgerrechte fochten 1848 religionskritische Demokraten. Und für Arbeitnehmerrechte, für das Wahl- und Rede-Recht der Frau und für soziale Sicherungssysteme traten 1918 beargwöhnte Linke wie Friedrich Ebert ein. Alles ohne Applaus der religiös Konservativen. Im Gegenteil: Politisch und theologisch Konservative sind heutzutage

Nutznießer von Rechten und Werten, gegen die sie früher aus religiösen Gründen protestierten!

In manchen Punkten muss Michael ihm recht geben. Aber er weiß auch um die Realität des proklamierten »Humanismus« der DDR und hat die kalte Sprachlosigkeit erlebt, wenn dann mal wirklich andersgläubige Menschen vor ihnen standen. Dass die militärischen und wirtschaftlichen Konflikte der modernen Welt erst dann gelöst werden können, wenn alle Religionen keine Rolle mehr spielen bzw. ins private Betstübchen verbannt sind – das glaubt Michael nicht. Im Gegenteil: Ohne Frieden zwischen den Religionen wird es keine politischen Befriedungen geben, davon ist er überzeugt. Ein politischer Kontrahent höhnt, »der Blume vergeudet zu viel Zeit mit Religion. Diese Probleme löst man mit Sozialhilfe.« Aber etliche junge Leute spüren, dass das Zusammenleben gezielt bedroht werden wird und dass die Zeit drängt.

1998 hatten muslimische Theologen des Nahen Ostens unter Vorsitz eines gewissen Osama Bin Laden eine »Erklärung« verfasst und veröffentlicht:

»Im Gehorsam gegenüber Gott dem Allmächtigen erklären wir, dass alle Amerikaner und ihre Verbündeten zu bekämpfen und zu töten sind, seien sie Militärs oder Zivilisten. Es ist die Pflicht jedes Muslims in jedem Land, soweit es ihm möglich ist, die Soldaten Satans und ihre Verbündeten zu vernichten.« Es ist bizarr: Der Westen selbst hatte solche selbst ernannten Gotteskrieger unterstützt, gegen die sowjetischen Truppen in Afghanistan.

Man liefert Waffen an Ölregime wie Saudi-Arabien, die ihre jungen Unzufriedenen lieber an ferne Fronten schicken, als daheim rechtzeitig Reformen zu wagen.

Michael Blume sitzt wieder einmal mit Freunden in der Evangelischen Akademie Bad Boll. Sie bereiten eine »Sommerakademie für Christen und Muslime« vor mit dem Titel »Gemeinsam gegen Gewalt«. Ihr Gespräch wird unterbrochen, als jemand klopft und kreidebleich in den Raum ruft: »Macht den Fernseher an, schnell! Ihr seid zu spät. In New York hat der Krieg begonnen.«

Es ist Dienstag, der 11. September 2001, nachmittags.

Entsetzt sehen sie zu, wie die zweite Passagiermaschine in den zweiten Turm des World Trade Center kracht. »Das sind japanische Irre«, vermutet einer noch, »die nehmen Rache für Hiroshima.« Michael schüttelt den Kopf. Ihn beschleicht eine furchtbare Ahnung. Vielleicht sind sie ja wirklich zu spät. Eine muslimische Freundin weint um die Menschen in New York. Und sie bangt um die Zukunft ihrer Kinder. Michaels klobiges Handy klingelt. Ein erster Journalist hat seine Nummer herausgefunden und will etwas über den Islam wissen. »Sie kennen Muslime gut, stimmt's? Können Sie erklären, was Sunniten sind?« Herr Blume ist plötzlich interessant. Aber bald auch verdächtig.

KAPITEL 15

# Ein islamistischer Gefährder, evangelisch

Was morgen die Papiertonne füllt, kann heute Leben verändern.

Die Pinnbretter an den Wänden der Foyers, der Flure und Gänge einer Universität sind überquellend bunte, wirre Zettelteppiche. Immer schon und wahrscheinlich überall auf der Welt. Seit Ende der 90er-Jahre ein virtueller Flohmarkt namens »eBay« seine Dienste anbietet, hätten diese wuchernden Papier-Reliefs und riesigen Gobelins des Alltagsbedarfs eigentlich kleiner werden oder verschwinden müssen. Das geschah aber genauso wenig wie das vorhergesagte Verschwinden der Kinos, seit es Farbfernsehen gibt. Wie eh und je werden billige Wohnungen und häusliche WG-Mitbewohner, gebrauchte Kühlschränke und seltene Küchengeräte, günstige Mitfahrgelegenheiten und alte Fahrräder, Sportausrüstungen, Übersetzungshilfen, Nebenjobs als Kellnerin, Putzmann, Babysitterin – alles wird gesucht oder angeboten, indem man es »aushängt«. Konzert- und Vortrags-Flyer, Einladungen zu öffentlichen Partys, Aufrufe zu Demonstrationen sowieso.

Stehen bleiben und lesen lohnt sich auch für Michael Blume, als er im Herbst 2002 nur noch zwei Semester Religionswissenschaft vor sich hat und auf dem Weg in ein Politik-Seminar den Aushang eines seltenen Anbieters entdeckt: Das Bundesinnenministerium schreibt einen »Studienwettbewerb Identität und Heimat« aus, bittet um ein Essay und winkt den Gewinnern mit 2000 Euro Preisgeld und einer Reise nach Berlin.

»Ich schrieb einen Aufsatz, der meine Biografie als ›Wossi‹, meine Erfahrungen mit Zuwanderern und meine Kenntnisse aus Religions- und Politikwissenschaft zusammenfasste. Ein Plädoyer für engagierten Realismus unter dem Thema ›Was ist Heimat‹. Und – ich hab gewonnen! Zwar nur den dritten Platz, aber gewonnen. Bei der Verleihung in Berlin war ich der Einzige der drei Preisträger, der keinen Migrationshintergrund hatte.«

Dass der Sohn eines freigekauften DDR-Dissidenten »keinen« Migrationshintergrund habe, würden eingefleischte Schwaben vielleicht bezweifeln. Aber das AfD-Unwort »Bio-Deutscher« gibt es noch nicht und ein seehofersches »Heimat-Ministerium« erst recht nicht. Journalisten der *Stuttgarter Zeitung* aber hören, da hätte so ein junger Christdemokrat und Stadtrat – in der Wolle eher konservativ – noch als Student bei Otto Schily im rot-grünen Innenministerium einen Preis abgeräumt. Angeblich kann er gut mit Muslimen und ist sogar mit einer verheiratet. Abgefahren. Sonst kommen Muslime fast nur als Terroristen in die Blätter, also machen sie eine Meldung draus. Der Preis ehrt ja immerhin auch die Tübinger Uni.

Als Staatsminister Christoph Palmer den Artikel liest – er ist der Cousin des heutigen Tübinger Bürgermeisters Boris Palmer –, bittet er seinen Büroleiter, zum Telefon zu greifen. Palmer hatte auch in Tübingen Politik studiert, war Professor an der Polizei-Fachhochschule Villingen-Schwenningen und Kreisvorsitzender der CDU Stuttgart geworden, hatte dann als rechte Hand von Ministerpräsident Erwin Teufel und Staatsminister für Wissenschaft und Kunst die Mannheimer Pop-Akademie mitgegründet und die Image-Kampagne lanciert »Wir können alles. Außer Hochdeutsch«.

Der Verfassungsschutz schätzt bis zu 5 Prozent der Muslime als politisch bedenklich ein. Aber selbst wenn es so viele wären – wer redet mit den anderen 95 Prozent?

Palmer will »den Ruf der 400 000 friedlich in Baden-Württemberg lebenden Muslime verbessern«, wie er immer wieder sagt.

Michael Blume fährt gerade zu einem Seminar der Konrad-Adenauer-Stiftung, als sein Handy klingelt. Der Name »Rudi Bär« sagt ihm nichts. Aber der Mann kommt gleich zur Sache: »Büro Palmer hier. Der Herr Staatsminister möchte Sie kennenlernen. Hätten Sie Zeit?«

Zeit hat Michael eigentlich überhaupt keine. Ein Seminar der Adenauer-Stiftung steht an. Aber er macht sich dennoch zum vereinbarten Termin am folgenden Montag auf den Weg. Als der 26-Jährige zum ersten Mal im Leben seinen Personalausweis dem Pförtner hinter kugelsicherem Glas hineinreicht, ahnt er nicht, dass diese martialisch gesicherte Staatskanzlei einmal sein täglicher Arbeitsplatz werden wird.

»Das Gespräch verlief genau so, wie ein Professor eine mündliche Prüfung durchführt«, erinnert sich Michael.

»Der junge Mann erschien mir etwas vergeistigt, aber gut vernetzt«, wird Christoph Palmer später gegenüber *Spiegel Online* erzählen.

»Wir haben in der gesamten Landesregierung«, sagt der Minister gegen Ende der 30 Minuten Gesprächszeit, »keine zivilrechtliche Stelle für den Dialog mit Muslimen. Könnten Sie bei uns anfangen?«

Eigentlich müsste Michael noch zwei Semester studieren.

»Ich brauche noch ein Semester.«

Das ist, nun sagen wir, eine im Wortsinn etwas verkürzte Darstellung.

Aber er ahnt, dass sich ihm hier eine einmalige Chance bietet. Und Zehra ist schwanger.

Christoph Palmer steht auf. »Wenn Sie Ihr Studium bis April schaffen, melden Sie sich einfach.«

Den Vorlesungs- und Seminarstoff eines ganzen Jahres in nur wenigen Monaten zu inhalieren und dabei eine Magisterarbeit zu schreiben bedeutet für Michael, »die Nächte durchzubüffeln«. Zehra leidet, keine Frage. Aber sie weiß auch, dass Top-Job-Angebote ausgerechnet für Religionswissenschaftler so selten sind wie ein Sechser im Lotto. Michaels Professoren an der Uni gestatten ihm, Seminare doppelt und parallel zu belegen. Sie machen aber gleichzeitig unmissverständlich klar, dass sie »nicht die Preise runtersetzen« werden oder einen Kandidaten gnädig durchwinken, nur weil irgendein Politiker ihn gerufen hat. In langen Nächten schreibt Michael seine Magisterarbeit über die Identitätsbildung junger Muslime und nennt sie »Die Öffnung des Islam in Deutschland durch eine neue islamische Elite«.

Dabei passiert ihm – tja, war es ein Fehler? Eine kleine Unachtsamkeit? Eine eigentlich normale Vorgehensweise, in der aber ein Pferdefuß steckte?

Er verschickt Interview-Fragen an junge Muslime. Per E-Mail bittet er seine Adressaten, den angehängten Fragebogen an Interessierte weiterzuleiten (!), zu beantworten und ihm zurückzuschicken. In der Dankesmail an alle Rücksender freut er sich, dass er »eine attraktive Arbeitsstelle im Bereich der Landesregierung« in Aussicht habe, und hofft, »mit einigen von euch wieder mal zusammenwirken zu dürfen«.

Als Michael die Antworten auswertet, merkt er, dass einer der Befragten – er hatte unter dem Pseudonym »ferramis« geantwortet – radikal islamistische Positionen vertritt. Was in der Magisterarbeit entsprechend eingeordnet dargestellt wird, denn auch das gehört zur Realität des Islam in Deutschland.

Aber dass man Michaels fröhlichen Wunsch, »wieder mal zusammenwirken zu dürfen«, ausgerechnet auf diesen Gefährder beziehen könnte, fällt ihm im Leben nicht ein. Er ist »ferramis« ja nie begegnet. Aber in der Logik der Geheimdienste hatte er – *Kontakt!*

Im Februar kommt Töchterchen Melissa zur Welt, im April 2003 tritt der frischgebackene Vater seine neu geschaffene 50-Prozent-Stelle als »Referent für interreligiösen Dialog« im Stuttgarter Staatsministerium an, darf anfangs sogar einen Wochentag Homeoffice machen, was die erholungsbedürftige Zehra freut.

»Wir waren unfassbar erschöpft, aber alle haben sich gefreut. Unser erstes Kind, sein erster Job!«, lacht Zehra. »Er erzählte mir von lauter netten neue Kollegen und seinem zufriedenen Chef. Ich war glückliche Mutter, Melissa trank und schlief gut.«

»Aber dann kam der Haken, und was für einer«, ergänzt ihr Mann.

»Wir können alles. Außer Hochdeutsch«? Leider nein. Umgang mit Bürgerinnen und Bürgern muslimischen Glaubens war schlicht und praktisch immer Sache des Verfassungsschutzes gewesen, das heißt, »jeder Brief, jeder Vorgang, jede Akte, die irgendwas mit Islam zu tun hatte, ging vom Staatsministerium stante pede zum Innenministerium«, erzählt Michael. »Die Männer von der Sicherheit waren die einzigen ›Experten‹ und fühlten sich auch so. Und plötzlich kommt da so ein Milchgesicht, ein junger CDU-Naivling aus den Vororten, ein Weltverbesserer und Gutmensch, ein neunmalkluger Theoretiker von der Uni, den sich der Christoph Palmer geangelt hat, weil er ein Herz für Künstler hat? Nee, nee.«

Das weiß Michael Blume heute. Damals ist er nur überrascht und überrumpelt, als das Telefon klingelt. Ein türkischer Journalist ruft an. Dann ein deutscher. Sie haben sehr ähnliche Fragen.

»Herr Blume, um eine muslimische Frau heiraten zu können, mussten Sie doch zum Islam konvertieren, oder?«

»Nein, musste ich nicht. Ich bin Christ.«

»Können Sie das beweisen?«

»Beweisen? Ich … äh … ich gehe in den Gottesdienst, ich …«

»Ihre Magisterarbeit löst ja bereits erhebliche Bedenken aus …«

»Nicht, dass ich wüsste. Bei wem? Und warum?«

»Na beim Verfassungsschutz zum Beispiel. Es heißt, Sie hätten Kontakt zu Islamisten.«

Die kurzen Interviews hinterlassen bei Michael die ungute Ahnung, mit Männern gesprochen zu haben, deren Story längst fertig ist. In einer türkischen Zeitung erscheint ein Porträt, in dem behauptet wird, sein Schwiegervater habe ihn in islamistische Kreise eingeführt, wo man ihn für große Aufgaben vorbereitet habe. »Na ja, das glaubt ja eh keiner«, brummt Osman Tayanc in Plattenhardt und legt die Zeitung kopfschüttelnd weg, »das macht doch keinen Sinn.« Wie viele türkische Gastarbeiter verehrt er Kemal Atatürk und verachtet die aufsteigenden Islamisten.

Es kommt aber noch schlimmer. Kaum ist Innenminister Thomas Schäuble in den Urlaub abgereist – der Bruder des späteren Finanzministers Wolfgang Schäuble –, da erscheint in den *Stuttgarter Nachrichten* am 28. Juli 2003 auf Seite 3 ein Artikel unter der Überschrift »Islamberater mit umstrittenen Kontakten«. »Reicht der Einfluss von Islamisten mittlerweile bis in Baden-Württembergs Regierungszentrale?«, fragt das auflagenstarke Blatt und berichtet, die Verfassungsschützer fürchteten, »dass der Herr Blume mit islamistischen radikalen Kräften redet und sie somit stärkt«.

Wie schon sein Vater trägt Michael Sonntag früh immer noch Zeitungen aus, um sich etwas Geld dazuzuverdienen. Makaber, aber wahr: Auch die *Stuttgarter Nachrichten*. Als er vom Büro nach Hause kommt, tritt ihm sein Vermieter mit der Ausgabe entgegen: »Sie sind in Schwierigkeiten, stimmt's? Glauben Sie denn, weiterhin die Miete bezahlen zu können?«

»Was mir den Schlaf raubte, war das Gefühl, die Kontrolle über meine innerste Identität zu verlieren. Ich bekam Angst, schon in der Probezeit gekündigt zu werden. All dies würde im Internet verewigt werden, und mit diesem Makel würde ich nie mehr irgendwo eine Anstellung kriegen. Gleichzeitig wollte ich Zehra aber nicht unnötig beunruhigen. Ich wollte für sie und das Baby eine Atmosphäre von Normalität und Sicherheit verbreiten.«

Das gelingt ihm nur ein paar Tage lang. Eines Abends am Esstisch nimmt Zehra seine Hand und fragt: »Schadet es dir, dass du mich geheiratet hast?«

Zehra fällt die Erinnerung daran nicht leicht: »Wieder warf man ihm vor, mit mir verheiratet zu sein! Aber diesmal ging es nicht um grummelnde Freunde mit anderen Lebensentwürfen, jetzt ging es um unsere Zukunft. Hier wird ja mehr infrage gestellt als die Liebe zweier Menschen. Hier läuft was ganz Schlimmes: dass es einem in Deutschland schaden kann, wenn man einen Andersgläubigen liebt.«

»Und wenn das so wäre«, ergänzt Michael, »wäre es dann noch die Demokratie, an die ich glaube? Ich hätte eher meinen Job verlieren wollen als sie«, Michael bemüht sich, nicht pathetisch zu werden, »ich wäre zurück an die Uni gegangen oder hätte mich bei Aldi an die Kasse gesetzt.«

Dienstgeber Christoph Palmer zitiert den neuen Referenten ins Amt und hat nur eine einzige Frage: »Finden die was bei Ihnen oder nicht?« »Nein. Ich habe nicht mal Punkte in Flensburg. Ich bin und bleibe Christ. Getauft, konfirmiert, alles.« »Dann verlieren Sie mal nicht die Nerven. Ist ja ein Witz, jemandem auf Verdacht die Religionszugehörigkeit abzusprechen. Ich halte zu Ihnen.«

Viele Jahre später erfährt Michael von Ex-Ministerpräsident Erwin Teufel, dass im Landtag ein »führender Oppositioneller von den Grünen« zu ihm an die Regierungsbank gekommen sei und dringend geraten habe »den Herrn Blume nicht fallen zu lassen. Das ist ein Guter«. Sein Name: Winfried Kretschmann.

Der war als Berufseinsteiger selbst mal unter Radikalismusverdacht geraten und zunächst nicht als Lehrer in den Staatsdienst übernommen worden. »Sie hatten nicht nur Feinde, von denen Sie nicht wussten, sondern auch Freunde!«, erinnert sich Erwin Teufel.

Der Frontalangriff des Verfassungsschutzes mithilfe der *Stuttgarter Nachrichten* soll eine Bombe werden, endet aber als Rohrkrepierer:

Die Universität Tübingen, die Kirchen, die Vereine, die Muslime, auch die jüdische Gemeinde und sogar die kleine Gemeinde der Bahai solidarisieren sich mit Michael Blume. »So eine breite Ökumene sieht man selten«, scherzt sein Chef im Ministerium. Man ist verärgert, aber auch kampfeswillig. Und kein einziges seriöses Medium übernimmt den Artikel. Die *Stuttgarter Zeitung* nicht, die bundesweiten Tageszeitungen wie *FAZ*, *Süddeutsche* oder *BILD* nicht, weder der öffentlich-rechtliche SWR noch die privaten Radiosender greifen die Story auf. Allen scheint sie von vornherein zu dünn recherchiert zu sein. Nur die *Junge Freiheit* – ein radikalnationalistisches Blatt, heute so etwas wie die Parteizeitung der AfD – übernimmt den Verdacht sofort, stellt den Text ins Internet und heizt das Misstrauen an.

Als es wieder mal klingelt, geht Zehra ans Telefon. Eine kalte Stimme, hasserfüllt: »Ich weiß, wo Sie wohnen! Wir kriegen euch alle!«

Es ist ein Vorbote der späteren Islamhasser-Portale und Rechten-Blogs im Internet. Ein E-Mail-Schreiber droht, »das mit euch final zu lösen, wie Hitler!«. Blumes müssen die Polizei einschalten, bekommen eine neue Telefonnummer, neue E-Mail-Adressen. Die Polizisten machen den Droh-Mail-Schreiber ausfindig und führen ein »Gefährdergespräch«. Er meldet sich nie wieder.

Michael kämpft gegen die Schlaflosigkeit an, indem er betet.

»Da mag man drüber schmunzeln, aber ich war völlig fertig. Die Angst war das eine. Teile des Staats, dem du vertraust und für den du arbeitest, wenden sich plötzlich gegen dich?! Wie oft hatte ich gesagt, dass Demokratien zerbrechlich sind. Jetzt spürte ich es am eigenen Leib. Ich betete darum, nicht alles Vertrauen zu verlieren. Dass ich nicht allen

Menschen gegenüber misstrauisch werde und mich verschließe. Gleichzeitig versuchte ich, meiner Frau und meinen Schwiegereltern gegenüber eine Sicherheit zu vermitteln, die ich selbst gar nicht hatte.« Als Vater Falko Blume aus dem Krankenhaus anruft und besorgt fragt, wie es ihm gehe, antwortet Michael betont fröhlich: »Mach dir keine Sorgen, Papa. Das ist normal in der Politik. Dir ging es doch viel schlimmer. Alles im Lot, alles im Griff.«

Als der Innenminister aus dem Urlaub zurückkehrt, rappelt es im Karton.

Darf der Verfassungsschutz überhaupt ohne jeden konkreten Anhaltspunkt gegen einen Referenten des Staatsministeriums ermitteln? Und dann auch noch die Presse füttern? Der Präsident des Landes-Verfassungsschutzes meldet sich bei Michaels Vorgesetzten. Das Amt möchte sich gerne entschuldigen.

Der Leiter der Abteilung Islamismus, Herbert Landolin Müller, räumt später öffentlich ein, auch gegenüber Medien »einige Äußerungen zu der im Internet veröffentlichten Magisterarbeit von Herrn Blume getätigt zu haben«. Im Klartext: dass er mit Ahmed Arpad und Rainer Wehaus *über* Michael Blume geredet hatte statt *mit* ihm. Erst Monate später, aber immerhin, ist Herbert L. Müller dabei, als das geforderte Gespräch mit dem Verfassungsschutzpräsidenten stattfindet.

»Wir haben uns halt gefragt, wie Sie Ihr Studium finanzieren konnten«, wird Michael nun endlich direkt gefragt. »Ihre Eltern, nun ja, haben erkennbar nicht genug Mittel zur Verfügung …«

Michael ist erst mal sprachlos. Er schluckt und stellt eine Gegenfrage: »Ich bin Stipendiat der Konrad-Adenauer-

Stiftung. Führen Sie die auch auf der Liste terroristischer Organisationen?«

Der Präsident bricht in schallendes Gelächter aus. Irgendwann lachen alle. Nur Michael nicht. Ihm wird bestürzend klar, was er im Rückblick so formuliert:

»Das haben einige also wirklich geglaubt! Einige waren seit Nine-Eleven so unter Druck, vorbeugend was verhindern zu müssen – die Attentäter vom 11. September hatten sich ja in Deutschland radikalisiert! –, dass sie glaubten, einen Supergefährder, einen Terror-Schläfer, aufgedeckt zu haben, direkt in der Nähe des Ministerpräsidenten! Sie haben gar nicht mehr nach entlastenden Indizien gesucht.«

Der Berufsanfänger hat seine erste Feuerprobe bestanden. Sein Arbeitsvertrag wird nicht aufgehoben, sondern verlängert. Manche strenge Muslime, die dem Dialog kritisch gegenüberstanden und hinter jedem Christen einen verkappten Missionar wittern, bringen dem jungen Referenten Respekt entgegen. Über die Lokalpolitik hinaus ist »der Name Blume jetzt an der Börse notiert«, wie ein Freund und Kollege sagt. Michael wird all das noch brauchen.

Haben diese Wochen in der Beziehung der beiden etwas geändert? Zehra nickt. »Wir standen gemeinsam am Abgrund. Keiner ist fortgelaufen, keiner abgestürzt. Uns wurde klar, dass wir gemeinsam gewinnen oder untergehen. Ich hätte wirklich gerne auf das Ganze verzichtet, aber da mussten wir wohl durch.«

Die Magisterarbeit an der Uni wurde übrigens mit »Sehr gut« benotet.

KAPITEL 16

# Wie macht ihr's mit den Kindern?

»Lasst euch Zeit mit dem Kinderkriegen!« – darin sind sich die Mütter der beiden einig. Türkan Tayanc wurde mit 16 schwanger, Marlis Blume mit 20. Sie bereuen ihren Lebenslauf nicht, empfehlen dem jungen Paar aber, »erst mal die Welt kennenzulernen«. Leichter gesagt als getan, denn beim jungen Paar »war am Ende des Geldes immer noch enorm viel Monat übrig«, schmunzelt Zehra. »Wir waren ja so dummstolz gewesen, für unsere Hochzeitsfeier keinen Pfennig von unseren Eltern anzunehmen. Jetzt hatten wir außer viel Eheglück auch viele Schulden.«

Zwei Jahre lang bringt Zehra das schmale Gehalt einer angehenden Bank-Fachwirtin nach Hause, während ihr Mann vom Stipendium einer Studienstiftung lebt. Er trägt daneben Zeitungen aus, jobbt in den Semesterferien und bekommt etwas Sitzungsgeld als Gemeinderat. Zehra dazu: »Wenn er auf ein Stadtfest musste, haben wir vorher ausgerechnet, ob es auch für zwei Waffeln reicht.« Und Michael: »Wie wahrscheinlich jedes Kind habe ich die typischen Verzichtsgeschichten der Großeltern – ›Wir-haben-uns-noch-über-eine-Schokolade-gefreut!‹ – nur halb verstanden. Aber wenn du mal richtig entbehren musstest, dann fühlt sich Essengehen immer noch als was Besonderes an …« – »… was Auswirkungen hat!«, lacht Zehra und zeigt auf sein Bäuchlein. Michaels Ausrede: »Du wurdest schwanger, und ich wollte solidarisch sein …«

Mann und Frau in Teilzeit berufstätig. Ein Kind, zwei halbe Gehälter. Damals und dort noch kein alltägliches Modell. Eine Nachbarin stellt den jungen Vater zur Rede. »Wa mached Sie an emme Mittwoch mit däm Kindrwage? Habed Sie Urlaub? Oder sind Sie arbeitslos?«

»Weder, noch. Ich promoviere.«

Kampf-Atheist Professor Kehrer hat ihm angeboten, eine Doktorarbeit zu schreiben. »Geld für dich hab ich keins, aber Zeit. Wenn du erst mal zu lange von der Uni weg bist, machst du es eh nicht mehr.«

Als die kleine Tochter Melissa ein halbes Jahr alt ist, bitten Blumes ihren Pfarrer am Ort, das Baby zu segnen. Gemeinsam mit einem muslimischen Freund, in einem evangelischen Gemeindezentrum, mit jeweils muslimischen und christlichen Paten. Gerrit-Willem Oberman, aus jüdischer Familie stammend, weiß diese Segenshandlung von einer genuin evangelisch-landeskirchlichen Taufe ebenso gut zu unterscheiden wie jeder freikirchliche Pastor das wüsste, der aus Überzeugung keine Babys tauft, sie aber sehr wohl segnet. Außer christlichen, muslimischen und konfessionslosen Freunden und Verwandten sind auch jüdische Freunde zu Gast. Neugierig sind alle, zumal Zehra die Tischkärtchen absichtlich mischt und sich manche erstmalig kennenlernen. Die kleine Melissa bekommt eine Bibel geschenkt, einen kleinen Gebetsteppich und einen Davidstern. »Also, wenn es jetzt nicht wirkt …«, ruft jemand, und alle lachen.

»Als erst ich und später dann der muslimische Freund das Kind segneten, herrschte atemlose Stille«, erzählt Pfarrer Oberman, »danach machten wir spontan eine Führung durch die Kirche, und ich erklärte das Kreuz, den Altar, die Kerzen, die Kanzel etc. Zehra und Michael werden bis heute auf das Segnungsfest angesprochen, weil auch andere bi-religiöse Paare solche Formen suchen.«

Irgendwann merkt die kleine Melissa, dass Mama sehr glücklich ist und immer kugelrunder wird. Michael muss mal wieder eilig weg – »Finanzausschuss, das weiß ich seit heute« –, da stellt sie sich ihm in den Weg: »Geh heute mal nicht weg, Papa. Heute mal nicht!« Er nimmt sich tatsächlich spontan einen Tag frei, alle drei gehen in der Tübinger Altstadt zum Italiener. Als er sich am darauffolgenden Morgen wieder zur Arbeit verabschiedet, sagt Melissa: »Gestern war schön.« – »Was war denn schön, Schatz? Die Nudeln, die Kerzen, der Kellner?«

»Papa war da.«

Bleich, als hätte ihm jemand in den Magen geschlagen, setzt sich Michael zu seiner Tochter und schaut auf Zehras Bauch. Bald werden zwei Kinder da sein. Nur Papa ist nie da. Zehra nimmt seine Hand, als ihm die Tränen kommen.

Noch am gleichen Tag ruft Michael im Büro des Oberbürgermeisters an und macht einen Termin, um sich als Gemeinderat entpflichten zu lassen.

Dr. Peter Bümlein, SPD, will ihn umstimmen. »Ich hab noch vor meiner Wiederwahl öffentlich gewitzelt, ob Sie Interesse an meinem Stuhl hätten! Sie haben doch eine große Zukunft vor sich!« Als der OB hört, was zu Hause gelaufen ist, wird er leise und nachdenklich: »Die Friedhöfe sind voller Leute, die sich für unersetzlich hielten. Wenn Ihre Familie Sie jetzt braucht, dann ist das so.« In der Lokalzeitung bedauert und betrauert ein großer Artikel das Ausscheiden dieses jungen Politik-Talents. »Es klang wie ein Nachruf. Aber ich lebte doch noch!«

Sensibel sieht Zehra beide Seiten dieser Entscheidung: Michael ist jetzt mehr zu Hause, ja, aber er ist auch bedrückt, bisweilen melancholisch, regelrecht traurig. Sein Nachrücker im Gemeinderat – ein lieber Rentner. Seine Wählerinnen und Wähler – vom Rücktritt enttäuscht. Die jungen Leute der Stadt – zu einer Politik aufgerufen, die er selbst gerade hingeschmissen hatte.

Michael bestellt die Lokalzeitung ab – »Ich kann da eh nichts mehr ändern« –, und Zehra erneuert aus Protest das Abonnement. »Klar, er hat eine Karriere beendet. Aber wir wollten nun mal Kinder. Die Zeiten müssen vorbei sein, in denen ein Vater nur am Wochenende vorbeischaut und einen Scheck dalässt.«

Im Rückblick stimmt er ihr zu: »Wenn du draußen über Werte redest, während drinnen deine Familie kaputtgeht, dann stimmen weder Balance noch Glaubwürdigkeit. Melissa hat mich einfach rechtzeitig wachgerüttelt. Der Spruch stimmt ja: Für die Welt bist du nur irgendjemand. Aber für irgendjemand bist du die Welt.«

Das zweite Kind ist da, der kleine Benian. Benian? Muss es nicht Benjamin heißen? »Benjamin wollten wir ihm nicht antun«, grinst Zehra, »Michaels Eltern hatten während ihrer Schwangerschaft lange zwischen ›Michael‹ und ›Benjamin‹ geschwankt. 1982, Micha war gerade in der Grundschule, kam dann Benjamin Blümchen auf den Markt, der sprechende Elefant. Bücher, Kassetten, TV-Sendungen, DVDs. Die Schulzeit wäre die Hölle geworden.«

»Na ja, dafür könnte ich heute alle Referate mit Töröӧӧ beginnen«, sagt Michael.

Benian also. Vom türkischen »Beni an«, »Denk an mich«.

Ein Junge. Ein Junge?!

Seine muslimische Mutter und seine Großeltern mütterlicherseits sind dafür, ihn beschneiden zu lassen, klar. Sein christlicher Vater ist auch dafür. Warum?

»Jesus war beschnitten!«, lautet Michaels lapidare Antwort. Die teilweise Entfernung der Penis-Vorhaut als Zeichen der Zugehörigkeit zum »Volk Gottes« ist nicht erst eine islamische, sondern schon eine jüdische Tradition. Der Islam hat den Ritus und das Symbol aus der Bibel übernommen: Jahrhundertelang gedachten Christen feierlich der Beschneidung Jesu oder verehrten sogar seine Vorhaut als Reliquie.

»Das aber ist mein Bund, den ihr halten sollt zwischen mir und euch und deinen Nachkommen [...] Das soll das Zeichen sein des Bundes zwischen mir und euch: Jeden Knaben, wenn er acht Tage alt ist, sollt ihr beschneiden« – so habe Gott es Abraham, dem »Vater des Glaubens«, geboten, heißt es im biblischen Buch Genesis, Kapitel 17 Verse 10 bis 12. Es ist auch 3500 Jahre später noch eins der wichtigsten Gebote im jüdischen Religionsgesetz und wird weltweit sogar von jenen Menschen praktiziert, die zwar jüdischer Abstammung, nicht aber jüdischen Glaubens sind. Auch Atheisten also, in New York, Tel Aviv oder sonst wo, lassen ihre Söhne ganz selbstverständlich beschneiden.

Nun hat der biblische Abraham aber nicht nur seinen direkten Sohn Isaak beschnitten – einen der sogenannten Erzväter des Volkes Israel –, sondern auch den Sohn seiner Magd, Ismael (Gen 17,25) – einen der sogenannten Stammväter der arabischen Nachbarvölker. Folglich heißt es in Koran-Sure 3,95: »Was Gott sagt, ist die Wahrheit. Folgt dem Weg Abrahams!«

Zu Mohammeds Lebzeiten (570 bis 632 n. Chr.) gab es aber immer mehr Juden, die nicht nur dem »Weg Abrahams« folgen, sondern auch in Jesus von Nazareth den »Gesandten Gottes« erkennen wollten. Wer daran glaubte, dass Gott den gekreuzigten Jesus aus dem Grab wiederauferweckt und damit als »Messias« bestätigt hatte – der ließ sich taufen. Weil Jesus sich hatte taufen lassen. So wurden ein körperliches Merkmal, die Beschneidung, und ein spirituelles Symbol, die Taufe, Zeichen seiner Zugehörigkeit zum »Volk Gottes«.

Die rasante Ausbreitung dieses neu entstehenden christlichen Glaubens stellte wiederum die nichtjüdisch geborenen Menschen vor die Frage: Muss ich Jude werden und mich beschneiden lassen, wenn ich an Jesus glaube? Oder »reicht es«, auf den Namen Jesu Christi »getauft« zu sein? Der Streit darüber tobt durch viele Briefe des Apostels Paulus und wurde im Jahre 48 n. Chr. in Jerusalem auf einem sogenannten Apostelkonzil ein für alle Mal entschieden: Nein, eine Beschneidung ist nicht verpflichtend, um in die Nachfolge Jesu zu gehen. Auf die Taufe kommt es an (Neues Testament, Apostelgeschichte, Kapitel 15).

Seither ist Christen die Beschneidung nicht vorgeschrieben, aber auch nicht verboten.

»Frau Blume, ich befürworte eine Beschneidung sehr«, sagt die Kinderärztin, »ganz unabhängig von religiösen Gründen, allein schon aus gesundheitlichen.«

Spricht's und überweist die Familie zu einem Chirurgen, der den Eingriff unter Narkose vornimmt, als der Junge acht Monate alt ist.

»Aber« – und nach acht Jahren Ehe scheint auch auf Zehra eine Nuance blumscher Aufmüpfigkeit abgefärbt zu haben –, »aber bitte ohne ein großes Familienfest!«, stellt die Mutter klar. »Ich fand das schon als Kind immer ungerecht, warum traditionell die Jungs eine Mordsfete mit Geschenken bekommen, warum man ihnen eine Krone aufsetzt, und die weiblichen Geschwister stehen daneben und gucken in die Röhre. Also sagten wir: Beschneidung ja. Und wieder eine Segnung in der Kirche, klar. Aber ein großer Festakt – nein. Und am Ende fanden meine Eltern es ganz in Ordnung.«

Michaels Eltern müssen es im Laufe der ersten zehn Lebensjahre ihrer Enkel »ganz in Ordnung« finden, dass denen überhaupt irgendwas Religiöses vermittelt wird. Michael hat dafür Verständnis. »Wenn man die Stasi-Akten meiner Eltern liest und ihre geklauten und kopierten Liebesbriefe darin und die ekelhaften Kommentare der Spitzel dazu und wenn man bedenkt, was Militärknast in der DDR bedeutete und welche Demütigungen sie erlitten hatten – dann kann ich verstehen, dass meine Eltern sagten: ›Wir können erst mal an gar nichts mehr glauben. Wir vermuten hinter jeder Art von hohen Idealen erst mal Beschiss und Heuchelei.‹« Die Erzählungen der Eltern berühren ihn bis heute, seine Stimme wird distanzierter, schärfer: »Die wurden noch von der FDJ, von der ganz und gar nicht ›Freien Deutschen Jugend‹, zu Parteifesten gekarrt, und die Mädchen mussten dort mit russischen Soldaten ›auf die Völkerfreundschaft‹ trinken und mit ihnen tanzen, ob sie wollten oder nicht. Wenn man wissen will, warum viele Ostdeutsche auf jede Art von ›verordnetem‹ Idealismus misstrauisch oder sogar feindselig reagieren, muss man sich die Prägungen dieser Jahrzehnte mal anhören.«

Zehra huscht eine Erinnerung übers Gesicht: »Ihre Aversion gegen ideologische Massenveranstaltungen und ihre Sorge vor Indoktrination unserer Kinder merkte ich zum Beispiel, als wir uns als Familie auf dem evangelischen Kirchentag anmeldeten. ›Geht man zu so was freiwillig?‹, war

Falkos erste Frage. Da habe ich ihn geknufft und gesagt: ›Klar, und mit wehendem, buntem Kirchentags-Schal.‹«

Und wie geht nun fromme Früherziehung bi-religiös? Das, was man später »konfessionelle Sozialisation« nennen wird?

»Ich habe beiden Kindern ein paar islamische Tischgebete beigebracht, die ja auf Arabisch gesprochen werden. Dann habe ich ihnen ein Buch mit Geschichten aus dem Koran vorgelesen, die aus der Sicht von Tieren erzählt sind. Und gebetet …«

»… hat immer derjenige, der sie gerade ins Bett brachte«, ergänzt Michael. »Ich hab christliche Gutenachtgebete gesprochen, Zehra islamische. Es gab und gibt bei uns zu Hause mehrere Kinderbibeln, biblische Geschichten als Malbücher. Und vom Besuch des Kindergottesdienstes in der Gemeinde bis hin zum katholischen Kindergarten, in den wir sie schickten, haben wir ihnen auch eine klassisch christliche Erziehung vermittelt.«

Klassisch christlich wird's alljährlich ab Ende November. »Wir haben einen Adventskranz, wir zünden Kerzen an, singen Weihnachtslieder und backen …«

Michael hat schon Glanz in den Augen: »Zehra backt gerne und gut, sowohl türkische Baklavas als auch schwäbische Gutsle.« Das regionale Wort für »Plätzchen«. Und zum Ramadan gibt es Datteln.

Heiligabend geht die Familie zur Kirche in die Christvesper. Aber da dreht sich textlich und musikalisch doch alles um Jesus? »Das ist insofern kein Problem«, erläutert Michael, »als ›Isa‹ im Koran ein geachteter Prophet, sogar Geist von Gott und Wort von Gott ist. Lediglich seine Gottessohnschaft und seine Heilsexklusivität lehnen Muslime ab. Nach

Maria ist sogar eine Sure im Koran benannt.« Wieder zu Hause, abends vor der Bescherung, gibt es Kartoffelsalat mit Geflügelwürstchen. Mögen sich manche christlichen Familien Sorgen machen um das spätabendliche Benehmen allzu trinkfreudiger Onkel und Opas – Blumes haben Alkohol im Haus, aber eine klare Regel: kein zweites Glas.

Üppig gefeiert wird auch das »Seker Bayram«, das Zuckerfest am Ende des Ramadan. Die Kinder bekommen Geschenke, laden andere Kinder zum Essen und Feiern ein, man gratuliert sich – »alles in allem haben wir ziemlich viele Feiertage im Jahr«, lächelt Michael. Bevor die Kinder da waren, fastete er an freien Tagen mit seiner Frau, aß und trank während des Fastenmonats tatsächlich ab Sonnenaufgang bis zum Einbruch der Dunkelheit nichts. »Da der Ramadan mit den Mondphasen durchs Jahr wandert, kann er in manchen Jahren auf die Zeit des längsten Tageslichts fallen. Im Juni z.B. ist es besonders schwer.«

Wieder ist man versucht, nach einer historisch-kritischen Koran-Exegese zu rufen. Denn dass in Lappland, Alaska und Sibirien die gläubigen Muslime glatt verhungern würden, weil die Sonne ein paar Monate lang nie »unter-«geht, sondern bestenfalls den Horizont berührt – das konnte, das musste Mohammed ja nicht wissen. »Viele Muslime im äußersten Norden halten sich ganz einfach an die Tageszeiten von Mekka«, ergänzt Michael. Außerdem sind zahlreiche Ausnahmen von der Pflicht vorgesehen: Schwangere, stillende Mütter, Kranke, Kinder, Reisende, körperlich schwer Arbeitende etc.

So inhaltlich bedeutsam, wie Karfreitag und Ostern von Christen begangen wird, feiern Muslime das Opferfest. Die

Geschichte vom Widder, den Gott bereitstellte, um ein Menschenopfer zu verhindern (Genesis 22,1 bis 19) wird parallel auch im Koran erzählt (Koran Sure 37,99 bis 113). Nur dass hier nicht Vater Abraham um ein Haar den Isaak geopfert hätte, sondern Vater Ibrahim »den Sohn«. »Die meisten Muslime glauben, es war Ismael. Aber da der Korantext das offenlässt, wächst gerade die Zahl jener mutigen Ausleger, die leise doch auf Isaak verweisen«, erläutert Michael. »Es ist letztlich eine innerislamische Diskussion, weil ein Symbol bewusst mehrdeutig sein kann. Abraham liebte beide Söhne, und Gott hat auch Ismael gesegnet und vor dem Verdursten gerettet. Kein Grund, daraus sinnlosen Streit abzuleiten.«

Aus Dankbarkeit für die Rettungstat Gottes grillen Vater Abraham und sein Sohn laut Bibel und Koran den Widder. Und verteilen das übrige Fleisch an Bedürftige. Darum geht es Muslimen bis heute: Lob und Dank für Gottes Gabe, Feier des Lebens, Almosen für die Armen.

Entgegen dem gehässigen Klischee, Muslime würden massenhaft Schafe oder Hammel in ihre Mietwohnungen schleppen und dann in der Badewanne ein tierquälerisches Blutbad anrichten, ist in Wirklichkeit das Schächten von Tieren in Deutschland verboten. Privatschlachtungen in Stadtwohnungen sind es auch. Tierarzt-amtliche Ausnahmegenehmigungen gibt's für Profis. Biobauern zum Beispiel. Bei Zehra und Michael Blume gibt's am Opferfest Lamm vom Metzger und – eine nennenswerte Spende für karitative Zwecke. »Ansonsten aber feiern wir das Opferfest nicht so groß und mehrtägig wie Weihnachten«, fügt Zehra hinzu, »ich denke, Gott steht auf gute Taten, nicht auf Blut.«

Mehr Feiertage, mehr Anlässe, beschenkt zu werden. Schön und gut. Aber wird den Kindern da nicht eine religiöse querbeet Turbo-Erziehung eingetrichtert, ein überfrachteter Powerdrink verabreicht aus sunnitischen, evangelischen und katholischen Spurenelementen?

Zehra widerspricht energisch: »Nein, nein, wir haben nicht das Religionen-Buffet eröffnet und gesagt: ›Nehmt euch raus, was euch gefällt‹, sondern wir achten bis heute darauf, dass christlicher und muslimischer Glaube für die Kinder unterscheidbar bleiben. Wir leben beides, aber wir mixen und vermischen nichts. Ich bete nicht das Vaterunser, und Michael nutzt zum Beten weder einen Teppich, noch richtet er sich nach Mekka aus. Kinder kapieren so etwas schnell. Es ist im Grunde wie mit der Zweisprachigkeit in allen bi-kulturellen Ehen: Lernen die Kinder korrektes Deutsch und korrektes Türkisch oder enden sie in einer ungelenken Halbsprachlichkeit? Es geht nicht um halb-halb, sondern um doppelt.«

Unüberhörbar: Die beiden mussten sich ihren Weg durch viele Diskussionen und durch Ausprobieren, mit viel Geduld und dem nötigen Humor erarbeiten. Ein bisschen klingt auch Zehras Pflegemutter Helene durch, die Religion lieber praktisch lebte, anstatt ein Kind abzuweisen.

»Ich verwende gern das Bild, Gott sei wie ein hoher Berg«, fährt Zehra fort. »Wir klettern auf unterschiedlichen Pfaden und Routen hinauf, sehen einander zwischendurch auch mal nicht, finden die Wege unterschiedlich beschwerlich oder sogar gefährlich. Aber wir können immer nur einen Weg gehen. Herumstehen und irgendwie alle Wanderrouten gut oder blöd finden, bringt gar nichts. Entscheide dich und geh deinen Weg. Aber geh ihn auch! Bleib nicht bei Äußerlichkeiten, bei Markenklamotten, Partys, Geldverdienen und

Konsum stehen. Und eines Tages – vielleicht tatsächlich erst nach dem Tod – kommen wir oben an und sind bei Gott. Auf dem Gipfel. Da erst sind wir dann beieinander wie vorher nie.«

»Wir haben das Vertrauen« – Michaels Nachsatz kommt plötzlich leise und tastend, als fürchte er, über diese Dinge zu laut zu sprechen –, »dass Gott ein großes Herz hat. Dass er Liebe ist. Eine alle menschlichen Denkmöglichkeiten überragende Liebe. Deshalb witzeln wir manchmal mit den Kindern und sagen: Wer von uns auf seinem eigenen Weg als Erster auf dem Gipfel ankommt, der wartet halt auf die anderen. Das letzte Wort haben eben nicht wir, sondern Gott.«

Bei Benians Segnung wagen sie eine kleine Innovation und bitten diesmal statt dem Imam eine Freundin darum: Die Deutschtürkin Tubanur Yesilhark trägt Kopftuch, ist Doktorin in Wirtschaftsethik, international im Dialog zwischen den Kulturen aktiv und von auffällig fröhlicher Ausstrahlung. »Als sie für unseren Buben einige Verse aus dem Koran rezitierte, flossen bei älteren Deutschtürkinnen die Tränen. Wir waren echt berührt«, strahlt Zehra, »weil es vor Gott keine Rolle spielen sollte, ob du Mann oder Frau bist. Leider kennen wir auch die gegenteilige Realität.«

Gar nicht zu Freudentränen rührt dann, was Blumes im Jahr 2011 bei Kind Nummer drei erleben. Sie melden die geplante christlich-islamische Kindersegnung bei Michaels Taufpatin von einst an, der freundlich zupackenden Frau aus dem Kirchengemeinderat, so wie sie es sechs und acht Jahre vorher auch schon getan hatten. Sie hat zur Geburt des dritten Blume-Sprösslings herzlich fröhlich gratuliert. Doch Pfarrer Oberman arbeitet inzwischen andernorts. »Da müsst ihr am besten mit dem neuen Pfarrer selbst sprechen«, antwortet die Freundin untypisch kleinlaut.

»Eine was? Eine … eine christlich-islamische … aha, hm hm, Kinder-, äh, … -segnung. Keine Taufe, sondern … so, aha, ja, ich verstehe.«

Der Kleriker am anderen Ende der Leitung klingt irritiert. »Und wo wollen Sie so was machen? Bei uns? Im evangelischen Gemeindehaus. Soso. Also Frau Blume, jetzt mal ganz im Ernst: Solange Christen in Saudi-Arabien wegen ihres Glaubens im Gefängnis sitzen; solange unsere Brüder und Schwestern in islamischen Ländern Unterdrückung leiden, werde ich doch nicht … also kann ich das nicht zulassen. Nicht in meiner Gemeinde!«

Zehra ist völlig perplex. Michael macht sich Vorwürfe, nicht selber gefragt zu haben. Er stellt – nicht zum ersten Mal – fest, dass sich der Wind langsam dreht. Rückwärts. Richtung Abschottung.

»Wir dürften doch in Saudi-Arabien nicht mal heiraten! Und erst recht nicht im Iran. Für islamische Fundamentalisten ist unsere Ehe zwischen einem christlichem Mann und einer muslimischen Frau das roteste aller roten Tücher!«, versucht er dem neuen Pfarrer zu erklären. »Und klar sind wir auch solidarisch mit verfolgten Christen. Aber was können denn meine Frau und unser Neugeborenes dafür, dass in theokratischen Diktaturen die Menschenrechte mit Füßen getreten werden?!« Alles vergebliche Liebesmüh. Es bleibt bei der Entscheidung, dass die Gemeinderäume für eine derartige Segnungsfeier nicht mehr zur Verfügung stehen.

Seit dem 11. September 2001 haben sich Angst und Misstrauen durch die Gesellschaft gefressen. Bis in die Gemeinden hinein. Die jahrelang gestreute Saat rechtskonservativ-deutschnationaler Tendenzblätter und Meinungsführer frommer Leute trägt bittere Früchte. Bei jedem Terroranschlag in der Welt konstruieren sie blitzschnell eine Achse des Verdachts bis hin zum kleinen muslimischen Gemüsehändler an der Ecke. Als müsse der sofort für Frieden im Irak sorgen, weil dort ja seine Glaubensbrüder morden und brandschatzen. Dass es westliche Waffen sind, die in den Kriegsgebieten des Orients viele Opfer fordern – Waffen von Heckler & Koch aus dem schwäbischen Oberndorf z.B. –, will man in diesem Zusammenhang nicht hören.

Säugling Elyas Blume kriegt von alledem nichts mit. Melissa, seine ältere Schwester, schon: Hautnah und brühwarm hört und spürt sie, dass ihr kleiner Bruder in der evangelischen Kirche nicht erwünscht ist.

»Sie hat überlegt, aus den Kindergottesdiensten auszusteigen«, erinnert sich Zehra. »Und wäre da nicht so eine besonders starke, junge Vikarin gewesen, hätte sich Melissa wohl auch später gegen die Konfirmation entschieden. Zum Glück war sie gerade in mein altes katholisches Mädchengymnasium gekommen, wo ich Abitur gemacht hatte. Wir stehen dort zusammen im Foyer herum, da kommt mein ehemaliger Religionslehrer auf uns zu. Jung geblieben wie eh und je. ›Zehra! Ist das eure Tochter? Toll, dass du zu uns kommst. Wenn muslimische Eltern fragen, ob ihr Kind auf eine katholische Schule gehen darf, erwähne ich eure Familie immer noch als eins der ersten gelungenen Beispiele!‹«

Elyas wird in der Stuttgarter Paul-Gerhardt-Gemeinde gesegnet, in der Juden, Christen und Muslime ein gemeinsames »Haus Abraham« eingerichtet haben. Über das Fest berichtet die Zeitschrift *ELTERN*, der ablehnende Pfarrer entschuldigt sich später bei Familie Blume. Aber Michael versteht auch, warum Zehra seither seltener mit in die Kirche kommt. Es betet sich nicht so leicht an dem Ort, wo das eigene Kind nur halb willkommen war.

KAPITEL 17

# Vorauslaufende Lebenslinien

**Interessiert sich ein knapp 18-Jähriger für die große Weltpolitik, wenn er hungrig und verlaust nach Hause will?**

Michaels Großvater Friedrich Horn war als Teenager, als »Hitlers letztes Aufgebot«, zum Krieg an der Westfront eingezogen worden und hatte – im Gegensatz zu vielen Schulfreunden – die Kämpfe überlebt. Jetzt überquert er die militärischen Demarkationslinien von West nach Ost. Wandert aus den britischen und amerikanischen Besatzungszonen in die sowjetrussische. Aus einer künftigen Demokratie in den künftigen Sozialismus. Und so werden die letzten Kilometer, die Friedrich nach Osten läuft, »ein paar zu viel« sein, wie er später sagt. Ein paar Kilometer ins Zonenrandgebiet der DDR, die sein Leben und das seiner Kinder schicksalhaft prägen werden. Sogar das Leben eines zukünftigen Enkels, der erst in gut 30 Jahren geboren werden wird.

Aber das weiß Friedrich noch nicht, als er in Jeggau ankommt und das tut, was alle tun und momentan auch am dringendsten ist: essen und Heizmaterial besorgen. Irgendwie wieder zu Kräften kommen und überleben.

Als man ab dem 7. Oktober 1949 nicht mehr »Sowjetische Besatzungszone« sagen soll, sondern »Deutsche Demokratische Republik« und in Berlin SED-Gründer Wilhelm Pieck Wunder was für eine goldene Zukunft verspricht – da hofft Friedrich Horn, eine Lehrstelle als Flugzeugmechaniker zu bekommen. Auf dem kleinen Flugplatz am nordwestlichen Stadtrand von Gardelegen.

Die Stimmung dort ist auf eine andere Art bedrückt, als sie es ohnehin in den Trümmer- und Hungerjahren überall ist. Die Leute schimpfen nicht nur über den Vandalismus besoffener russischer Soldaten, über Unfähigkeit und Willkür in den Schreib- und Amtsstuben der Verwaltung oder über die ständige Gefahr, beim »Hamstern« und »Schiebern« erwischt und geschlagen zu werden. Der allseits praktizierte Tausch- und Schwarzhandel ist schließlich überlebenswichtig. Nein, bei den Städtern aus Gardelegen, die zum Hamstern auf die umliegenden Dörfer radeln, kommt ein verdruckster, ein versteckter Hass auf die Amerikaner hinzu. Friedrich wundert das. Es waren doch die US-Streitkräfte, die den Ort von den Nazis erobert hatten! Und später dann alles vereinbarungsgemäß an die Russen übergeben mussten.

Das ist nicht der Grund für die verbitterten Halbsätze, die man hie und da aufschnappt: »Wir konnten doch nichts dafür«, »Wieso wir, wenn wir gar nichts wussten?«, »Als hätten wir was damit zu tun gehabt« – das raunen Leute, die sich unschuldig bestraft fühlen. Erst nach und nach erfährt Friedrich, warum: Alle Männer und die Jugendlichen, die älter als 16 waren, hatten die US-Militärs gezwungen, mit Spaten und Bettlaken zur großen Feldscheune von Isenschnibbe zu kommen, am nördlichen Stadtrand von Gardelegen.

Als die Alliierten, Briten, Franzosen und Amerikaner, von Westen her den Rhein überqueren und die Sowjetarmee von Osten her über die Oder vorrückt, werden überall im Land hektisch die Konzentrationslager geräumt. Man treibt die halb verhungerten Häftlinge zu Fuß in Todesmärschen über Land oder verfrachtet sie per Güterwaggon in die noch »sicheren« Lager.

Nach Neuengamme bei Hamburg, Bergen-Belsen in der Lüneburger Heide oder Sachsenhausen in Brandenburg zum Beispiel. Weil aber vielerorts bereits Bahngleise und Brücken gesprengt sind, stehen Anfang April '45 in vier Dörfern rund um Gardelegen etliche Güterwagen voller KZ-Häftlinge herum. Etwa 1050 dieser Elenden lässt SS-Hauptscharführer Erhard Brauny in eine ehemalige Kavallerie-Kaserne verlegen. Was aber wird passieren, wenn die Amerikaner kommen? Gestern, am 12. April, haben sie schon Braunschweig erobert!

Gerhard Thiele hat da eine Idee. Er ist Kreisleiter der NSDAP, er ist SS-Obersturmbannführer und er befiehlt seinen Parteimitgliedern, Polizisten, Soldaten der Luftwaffe auf dem nahe gelegenen Flugplatz, Männern der Waffen-SS, aber auch Kindern aus der Hitlerjugend, die rund eintausend Häftlinge in Gruppen zu je 100 Personen aus der Remonte-Kaserne in die Scheune von Isenschnibbe zu führen. Die riesige Scheune hat Betonwände und ein Ziegeldach, der Boden ist mit Stroh bedeckt. Das tränken SS-Leute mit Benzin. Es ist der 13. April 1945, etwa 19 Uhr. Als alle Gefangenen in der Scheune drin sind, verriegeln die Wachleute drei der großen Stahltüren und zünden durch die offene vierte das Gebäude an. Wider Erwarten schaffen es die Verzweifelten aber, mit ihren Kleidungsstücken das Feuer zu löschen. Also muss aus der Stadt mehr Benzin herbeigeschafft werden, was noch im Laufe des Abends geschieht.

Einige der Eingeschlossenen versuchen, die Verriegelungen von innen zu öffnen oder durch das geöffnete Tor ins Freie zu rennen. Sie erwartet ein Kugelhagel.

Schließlich brennt das ganze Gebäude. Als das Massaker vorbei ist, verscharrt man die verkohlten Überreste der Ermordeten in einer eigens dafür ausgehobenen Grube nebenan.

Am 14. April, nachmittags um 17 Uhr, erreicht die 102. Infanteriedivision der US-Armee Gardelegen. Weniger als 24 Stunden nach dem Massenmord.

Brigadegeneral Frank A. Keating geht ins Rathaus und stellt die bedingungslose Kapitulation fest. Herr Thiele, der NSDAP-Kreisleiter, ist leider unauffindbar. Seine Opfer finden die US-Soldaten am nächsten Tag in der immer noch heißen Scheune. Und einige Menschen, die unter den Leichenbergen überlebt haben.

Brigadegeneral Keating ist entsetzt – und zwingt die Gardelegener Bürger, den Tatort zu besichtigen. Ab dem 16. April lässt er rund 300 männliche Einwohner die Leichen aus der Scheune räumen, die Leichenteile einsammeln, die andernorts Getöteten und notdürftig Verscharrten exhumieren und alle Ermordeten in würdigen Einzelgräbern bestatten. Jedes Grab bekommt ein Kreuz, die jüdischen Opfer, soweit man es von ihnen weiß, einen Davidstern. Den Gestank, den Anblick und die Berührung der Ermordeten vergisst niemand, der dabei ist.

Gerhard Thiele lebt übrigens als »Gerhard Lindemann« unbehelligt in Düsseldorf weiter. Er stirbt 1994 im Alter von 85 Jahren.

Nie wurde er angeklagt, nie verurteilt. Die junge Bundesrepublik hat es mit der Aufklärung von Nazi-Verbrechen nicht eilig. Die alten Seilschaften funktionieren ja noch. Und als die Staatsanwaltschaften Magdeburg und Göttingen 1970 eine Frau Rosemarie Thiele fragen, wo ihr Mann sei, da sagt sie, das wisse sie schon seit dem 14. April 1945 nicht so genau. Man glaubt ihr.

Opa Friedrich arbeitet seit 1945 auf dem hornschen Hof und ermöglicht seiner jungen Familie ein für die Verhältnisse halbwegs auskömmliches Leben. Obwohl in der jungen DDR alle Bauern mit mehr als 20 Hektar Land von der Politpropaganda zum »Klassenfeind« gezählt werden, das dreifache Ablieferungssoll eines Kleinbauern erwirtschaften müssen, aber bei der Zuteilung von Saatgut, Diesel oder gar Maschinen und Ersatzteilen immer benachteiligt werden. »Wenn Saatgut jahreszeitlich zu spät geliefert wird«, brummt Jungbauer Horn erbittert, »brauchst du es gar nicht erst aussäen. Kannste an die Hühner verfüttern.«

Diktator Stalins Idee, die ostdeutschen Bauern nach dem Modell sowjetischer »Kolchosen« in Produktionskollektive zusammenzufassen, war schon vor fünf Jahren krachend gescheitert und hatte u.a. zum Volksaufstand des 17. Juni 1953 geführt. Gefolgt von einer Massenflucht Tausender Bauern in den Westen.

Trotzdem beschließt die »Sozialistische Einheitspartei« am 3. Juni 1959 per Gesetz, die Zwangskollektivierung der Höfe wieder voranzutreiben. Konkret: Bauern müssen ihren Grundbesitz, ihre Ställe und Häuser sowie alle Nutztiere, Maschinen und Geräte entschädigungslos in »Landwirtschaftliche Produktionsgenossenschaften«, kurz LPGs, einbringen. Diese werden dann nicht von erfahrenen Agraringenieuren, sondern von linientreuen Parteibürokraten geführt. Ob das die Produktivität und Effizienz steigert, darf niemand bezweifeln. Warum die Hausfrauen in Magdeburg beim Schlangestehen vor den Lebensmittelläden witzeln, sie stünden vor einem Möbelgeschäft und suchten sich schöne Regale aus – das wissen die Bauern in Jeggau genau. Sie kommentieren die »vorübergehenden Versorgungsengpässe«, die man ihnen vorwirft, mit der sarkastischen Entschuldigung:

»Die vier Hauptfeinde der sozialistischen Landwirtschaft sind nun mal Frühling, Sommer, Herbst und Winter.«

Unwillige Landwirte, die nicht in eine LPG eintreten, sollen diesmal nicht erschossen oder inhaftiert, sondern im Sinne politischer Bildung »überzeugt« werden. Politische Bildung und Überzeugungsarbeit à la SED geht so:

Schlägertrupps der Staatssicherheit überfallen Wohnungen, werfen Fenster ein, kreisen mit Lautsprecherwagen bei Tag und Nacht durch die Dörfer und denunzieren Landwirte namentlich. So viele Bauernsöhne sind im Krieg geblieben – nun wollen neue Uniformträger den Familien auch noch die Höfe abnehmen?! Tausende verlassen die Schollen ihrer Vorfahren und ziehen gen Westen. Viele fackeln die Höfe eigenhändig ab, manche Verzweifelte hängen sich auf. In der Zeitung liest man davon nichts. Aber in den Kneipen hört man davon viel.

»Was hast du da eben gesagt? ›Bauernverräter‹?« Der Stasimann am Nachbartisch verhöhnt die Sorgen des jungen Bauern. Er hat ja die Staatsmacht hinter sich. Die ist Friedrich Horn für einen Moment aber egal. Er stellt sein Bierglas ab, steht auf und stemmt die Arme auf die Tischplatte des Nebenmanns: »Ja! Wer unser Erbe, unser Hab und Gut, so einer LPG in den Rachen werfen will, ist ein Bauernverräter!«

Das Kneipengemurmel ebbt ab, die Kellnerinnen hinter der Theke unterbrechen ihr Gläserspülen. Es gibt kein Zurück mehr. Stühle stürzen um, Biergläser gehen zu Bruch, der Stasimann und Friedrich gehen auf Glassplittern zu Boden. Endlich: Je zwei der übrigen Männer in der Kneipe packen beide Kampfhähne, halten sie auseinander, schreien: »Schluss jetzt!«, »Idioten!«, »Aufhören!«, und bringen sie nach draußen.

Früh am nächsten Morgen holt die Volkspolizei Friedrich Horn in Handschellen ab. »Wegen abschätziger Bemerkungen gegen den Staat« wird er am 24. November 1959 zu sechs Monaten Gefängnis in Magdeburg verurteilt.

»Was sollte ich machen«, seufzt Elisabeth Horn, »ich hatte die zwei kleinen Kinder, Wilfried war sechs, Marlis, gerade mal drei Jahre alt – und mein älterer Bruder hatte woandershin geheiratet. Ich war allein mit der ganzen Arbeit auf dem Hof. Wir hatten früher schon mal überlegt, alles aufzugeben und nach Wolfsburg zu gehen. Ist ja nicht weit. Aber meine alten Eltern jammerten immer: ›Wollt ihr uns hier sitzen lassen?‹ Also hab ich den Hof irgendwann schweren Herzens der LPG gegeben. Friedrich ersparte sich dadurch nach seiner Entlassung auch viele Schikanen, weil sie ihn ja als Arbeiter brauchten. Er hat dann sieben Jahre in der Molkerei gearbeitet.«

Dass Papa ein halbes Jahr lang verschwunden ist, merkt eine Dreieinhalbjährige mit Sicherheit. Aber versteht sie schon, dass er »ungerecht« im Gefängnis sitzt?

Es mag laienhafte Küchenpsychologie sein, ist aber unübersehbar: Knapp 15 Jahre später verliebt sich Marlis Horn in einen jungen Mann, der ebenfalls ungerecht im Gefängnis saß. Für die Tochter eines ehemals Inhaftierten ist das offenbar kein Hinderungsgrund.

13. April 1974. Marlis Horns 18. Geburtstag. Ein Wartburg rollt auf den Hof. »Wieder mal«, denkt Vater Horn grimmig. Diesmal sind es allerdings keine Polizisten mit Haftbefehl, sondern der Bürgermeister von Jeggau. Er steht mit einem großen Blumenstrauß vor der Tür. »Der Rat des Kreises, die Partei und ich persönlich gratulieren Ihnen ganz herzlich zum Geburtstag. Wir freuen uns, Sie als jüngste Wählerin

unseres Dorfes demnächst bei der Kommunalwahl begrüßen zu dürfen.«

»Vielen Dank!« Marlis nimmt den Strauß entgegen, »ich geh aber gar nicht zur Wahl. Ich wähle nicht«.

Die Bürgermeister, Kreisräte und sonstige Führungspersonen auf kommunaler und regionaler Ebene sind von der »Nationalen Front« der Partei längst beschlossen, ernannt und eingesetzt, sollen aber vom Volk in einer Scheinwahl noch bestätigt werden.

Der arme Schultheiß kann nicht wissen, dass die freche Tochter eines aufmüpfigen Vaters nächstes Jahr um diese Zeit mit einem noch frecheren, aufmüpfigen jungen Mann verlobt sein wird.

Knapp vier Wochen später, es ist der 19. Mai 1974, rollt wieder ein Wartburg auf den Hof. Zwei Polizisten entsteigen dem Wagen.

Vater Friedrich Horn muss lachen, als die beiden seiner Tochter ihre Botschaft überbringen: »Schaden Sie sich doch nicht selbst, gehen Sie zur Wahl! Wir bringen Sie hin«, lächeln die Uniformierten in einer Mischung aus Einladung und Drohung.

»Von Staatsdienern eskortiert zur Wahlurne chauffiert werden? Das gibt's nicht alle Tage, sagte ich mir und stieg ein«, erzählt Mutter Blume, »im Wahllokal warf ich dann brav mein Kärtchen ein, auf dem ich alle Kandidaten durchgestrichen hatte, und bekam unter Applaus auch noch den zweiten Blumenstrauß zum 18.!«

Die Wahlbeteiligung, so berichtet die Parteizeitung *Neues Deutschland* anderntags, lag bei 98,2 Prozent. Von den 12,2 Millionen Wahlberechtigten DDR-Bürgern stimmten 99,9 Prozent für die Einheitsliste. Einige Zettel seien leider ungültig gewesen.

Als Marlis' Sohn Michael 30 Jahre später anhand solcher Geschehnisse über die gesamte Geschichte Deutschlands nachdenkt, kann er nicht ahnen, dass er bald selbst zu den Gebeinen von Ermordeten gerufen werden wird.

KAPITEL 18

# Der Mann fürs Heikle

Hektik auf einer Baustelle am Stuttgarter Flughafen. Neben der Landebahn für Passagierflugzeuge hat »STR«, wie Stuttgart auf Gepäckanhängern heißt, auch ein »Airfield« des US-Militärs. Die Zufahrtstraße dorthin soll mit einem Kontrollpunkt gesichert werden. Eine Reaktion auf den 11. September 2001, wenn auch eine späte: Es ist Montag, der 19. September 2005.

Das Problem: In der Baggerschaufel liegen Menschenknochen. »Alle Maschinen Halt!«, der Bauleiter und der US-Kommandant ordnen sofortigen Baustopp an.

34 Skelette, soweit man das rekonstruieren kann, kommen ans Tageslicht, und schlagartig müssen hunderterlei Fragen beantwortet werden.

Wer waren die? Woran starben sie? Wenn es Mord war, wer war's? Was war das Motiv? Wer hat die Menschen hier wann verscharrt?

Das Landeskriminalamt und die Staatsanwaltschaft wollen gleich die Ermittlungen aufnehmen, so wie sie das in Mordfällen immer tun: Die Leichen werden obduziert, man entnimmt DNA-Proben, jagt sie durch die Datenbanken weltweit vermisster Leute. Man sucht Angehörige, Nachfahren und Zeitzeugen, man fragt die Historiker und recherchiert in den Stadtarchiven. Das volle Programm, um die Identitäten der Opfer und der Täter festzustellen und den Tathergang zu rekonstruieren.

Problem Nummer zwei: Das Grundstück, in dem die Knochen lagen, gehört den Amerikanern und untersteht dem NATO-Truppen-Statut. Wer hat hier eigentlich die Verfügungsgewalt? Wer entscheidet, was mit den Toten geschehen soll? Und wenn wir wissen, wer sie sind – wo und wie müssten sie dann neu beerdigt werden?

Innerhalb weniger Tage können die Historiker sagen: Rund 600 Zwangsarbeiter waren seit November 1944 in einem – unbeheizten – Hangar des Stuttgarter Flughafens untergebracht, um die Bombentrichter mit Sand aufzufüllen und die Landebahn dann neu zu planieren. Unter den ständig unterkühlten, mangelernährten und geschundenen Gefangenen brach eine Fleckfieber- und Typhus-Epidemie aus.

119 Zwangsarbeiter starben. Die ersten Toten wurden noch im Bernhäuser Wald begraben, 66 von ihnen hat man 1945 exhumiert und auf dem Ebershaldenfriedhof Esslingen wiederbestattet. 1944 lösten die Nazis das nur wenige Monate bestehende Lager am Flughafen komplett auf. Die verbliebenen Insassen schaffte man weg. In die von den heranrückenden Alliierten noch nicht eroberten Konzentrationslager Buchenwald und Bergen-Belsen. Oder gleich hier unter die Erde?

Damit ist aber klar: Das vom deutschen Strafrecht vorgesehene Ermittlungsverfahren widerspräche in diesem Fall dem jüdischen Gebot der ewigen Totenruhe. »Unversehrt lassen!«, protestieren der Landesrabbiner Netanel Wurmser und die Synagogengemeinden im Land. Erste Nachfahren von Zwangsarbeitern im Südwesten melden sich. Sie wollen Gewissheit, um wen es sich bei den Gefundenen handelt.

Doch die amerikanischen Militärs wollen zügig weiterarbeiten. So ein Baustopp wird mit jedem Tag teurer. Justizminister Ulrich Goll, FDP, soll deutsches Recht und Gesetz durchsetzen, will aber die amerikanischen Verbündeten nicht vergrätzen und erst recht nicht respektlos gegen jüdische NS-Opfer sein. Ausgerechnet sie zu übergehen und ihre Einwände zu ignorieren wäre politischer Selbstmord. Kurz: Seinem Chef, dem amtierenden Ministerpräsidenten Günter Oettinger, droht Ungemach. Er braucht einen Troubleshooter, der sich in religiösen Empfindlichkeiten und politischen Sachzwängen auskennt. Einen, der das Gespräch der Konfliktparteien zielführend moderiert und gegebenenfalls die würdige Wiederbestattung der 34 Opfer organisieren kann. »Herr Blume, würden Sie das machen?« – »Klar, Herr Ministerpräsident.« – »Oettinger reicht.« – »Ja, Herr Ministerpräsident.«

Michael organisiert ein Treffen der Staatsanwälte, Rabbiner, US-Militärs und Sprecher der Angehörigen und warnt seinen schnellschwäbisch sprechenden, klugen und entschlussfreudigen, manchmal aber auch vorpreschenden Ministerpräsidenten: »Es könnte knifflig werden.« Das wird es auch:

Der Staatsanwalt erklärt, was er nach Recht und Gesetz zu tun gedenkt. Ein Rabbiner aus der Schweiz springt empört auf: »Deutsche Behörden haben diese Menschen umgebracht, und jetzt wollen sie auch noch ihre Gebeine schänden!« Die Sorge um bedürftige Tote gilt im traditionellen Judentum als besonders wertvoll, da man das nicht in Erwartung von irdischen Gegenleistungen tun kann.

Die Nazis wussten, dass Tote nach jüdischem Glauben weiterhin empfinden können und gewissermaßen schlafend auf die Auferstehung warten. Mit dem Verbrennen der Ermordeten und dem Verstreuen ihrer Asche verübte das NS-Regime bewusst sogar noch an den Toten einen Akt antisemitischer Häme und Verachtung.

Der Tumult ist perfekt. Michael hat die Eskalationen kommen sehen und vorsorglich unterschiedliche Räume für die Streitparteien vorbereiten lassen, um zwischen ihnen als Mediator, Religionsexperte und Vertrauensmann zu pendeln.

Dass sein Großvater unweit des Militärflughafens Gardelegen lebte, in dessen Nachbarschaft KZ-Häftlinge aus ganz Deutschland grausam umgebracht worden waren – das weiß im Raum natürlich keiner. Dass Michaels Mutter Marlis, geborene Horn, ausgerechnet an einem 13. April geboren wurde und immer dann Geburtstag hat, wenn an der Scheune von Gardelegen-Isenschnibbe eine Gedenkfeier stattfindet – auch das spielt in der Stuttgarter Villa Reitzenstein an diesem Tag natürlich keine Rolle. Aber durch seine Motivation und Aufrichtigkeit, verbunden mit Verhandlungsgeschick – »und der Unterstützung des Ministerpräsidenten und Justizministers« –, schafft er es, mit allen Konfliktparteien eine gemeinsame Gedenkfeier und Wiederbestattung nach jüdischem Ritus hinzukriegen.

Ein kalter, grauer 15. Dezember 2005. Der Fluglärm nebenan ist heftig, als Kantor Arie Mozes zu singen beginnt. Rund 400 Gäste auf dem US-Airfield – Politiker, Rabbiner, Journalisten, Polizisten, Angehörige, jüdische und nichtjüdische Bürger aus den umliegenden Ortschaften – hören bewegt zu, was ein alter Mann im Rollstuhl erzählt: »Wir haben uns damals ein ehrliches Begräbnis versprochen, je nachdem, wer von uns die Schinderei überlebt.« Benjamin Gelhorn war 1944 hier Zwangsarbeiter. Er schaut zu seinem Mit-Überlebenden Eugen Stern hinüber: »Du hast zu Chanukka eine Kerze angefertigt, aus kalter Margarine. Komm jetzt, lösen wir unser Versprechen ein. Machen wir den

Kameraden ein würdiges Begräbnis!« Schluchzen geht durch die Reihen, und auch Michael spürt den Druck auf der Brust.

Neben ihm steht ein US-amerikanischer General. Er hatte schwere Bedenken geäußert, ob man eine Bestattungsfeier mit so vielen Menschen auf dem freien Feld sichern könne. Das Staatsministerium hatte berittene Polizei angeboten. »Armed troops on real horses?« Die US-Militärs strahlten. Bewaffnete Schießprofis auf echten Pferden! In Michaels Ergriffenheit und Pietät mischt sich ein Lächeln, wenn er daran denkt.

Jetzt erinnert Meir Lau daran, ein ehemaliger Oberrabbiner aus Israel und KZ-Überlebender, dass Schuld nicht vererbt wird und die anwesenden Deutschen keine Täter sind, sondern Freunde. Weshalb Politiker und Bürger jeder Form von neuem Judenhass widerstehen sollten! Keiner der Angeredeten kann ahnen, dass elf Jahre später ein AfD-Abgeordneter im Landtag sitzen wird, dem man lange Antisemitismus nachsagen konnte. Michael wiederum ahnt nicht, dass er 13 Jahre später zum offiziellen Antisemitismusbeauftragten der Landesregierung ernannt werden wird.

Jetzt, an diesem nasskalten Nachmittag des 15. Dezember 2005, spricht Ephraim Kochba, Sohn eines der umgekommenen Zwangsarbeiter, einige abschließende Worte, dann werden die schlichten Kiefernholzsärge in die Gräber hinuntergelassen und vollständig mit genau jener Erde zugedeckt, in der sie gefunden worden waren. Benjamin Gelhorn und Eugen Stern rezitieren bewegt das Kaddisch, das Totengebet.

Ministerpräsident Günter Oettinger kann aufatmen. Seine Worte zu diesem Begräbnis werden allseits wohlwollend zur Kenntnis genommen. Auch von der *Jüdischen Allgemeine*, dem Presseorgan des Zentralrats der Juden. Und auch von den liberalen bis linksliberalen großen Zeitungen Deutschlands.

Das ist beim nächsten viel beachteten Staatstrauerakt völlig anders. Und wieder ist es Michael Blume, der Mann fürs Heikle, der seinem obersten Dienstherrn schlimmen Schaden erspart.

Wenn ein CDU-Politiker mit 91,5 Prozent der Stimmen seiner Partei zum Landesvorsitzenden gewählt wurde, weil er bei der Landtagswahl 1976 nicht weniger als 56,7 Prozent der Wähler davon überzeugte, er sei der beste aller CDU-Landesväter – dann muss es niemanden wundern, wenn rund 30 Jahre später auf seiner Beerdigung euphorische Lob- und Dankreden gehalten werden. Hymnische Eulogien, mindestens. Erst recht von einem seiner Nachfolger im Amt.

Das Problem: Es ist Hans Filbinger, dessen Sarg da am 11. April 2007 im Freiburger Münster steht, der altehrwürdigen katholischen Bischofskathedrale. Von Altarkerzen und Fernsehlicht umstrahlt, von Blumenbuketts und Kränzen umstanden, sagt Günter Oettinger: »Anders als in einigen Nachrufen zu lesen, gilt es festzuhalten: Hans Filbinger war kein Nationalsozialist. Im Gegenteil: Er war ein Gegner des NS-Regimes. Allerdings konnte er sich den Zwängen des Regimes ebenso wenig entziehen wie Millionen andere. Hans Filbinger wurde gegen seinen Willen zum Ende des Krieges als Marinerichter nach Norwegen abkommandiert. Es bleibt festzuhalten: Es gibt kein Urteil von ihm, durch das ein Mensch sein Leben verloren hätte.«

Da hätte Oettingers Redenschreiber – wenige Türen von Michael Blumes Büro entfernt – mal besser noch mal nachgeblättert: Hans Filbinger, NSDAP-Mitglied seit 1937, hatte sich 1940 freiwillig zur Marine gemeldet, war in 63 von 234 Marine-Strafverfahren als Ankläger aufgetreten und hatte noch nach der Kapitulation vom 8. Mai 1945 den Matrosen Olaf Petzold wegen »hohen Gesinnungsverfalls und Zersetzung der Manneszucht« zu sechs Monaten Gefängnis verurteilt. Als Schriftsteller Rolf Hochhuth 1978 in der *ZEIT* diesen Fall erwähnte, klagte Filbinger auf Unterlassung und – gewann! Hochhuth musste etliche Behauptungen zurücknehmen. Nur die Bezeichnung »furchtbarer Jurist« dürfe er weiterhin verwenden. Filbinger gab sich damit nicht zufrieden, klagte erneut gegen die *ZEIT*, woraufhin die Anwälte beider Parteien ins Bundesarchiv nach Kornelimünster fuhren und in die Gerichtsakten der NS-Marine schauten: Ein 22-jähriger Matrose namens Walter Gröger war desertiert und hatte sich bei seiner norwegischen Freundin Marie Lindgren in Oslo versteckt. Er wurde verraten, verhaftet und am 14. März 1944 »nur« zu acht Jahren Zuchthaus verurteilt, weil es keine vollzogene Fahnenflucht ins Ausland war und aus »jugendlicher Unüberlegtheit« geschah. Diese mildernden Umstände hob ein zweiter Richter wieder auf, übergab den Fall an Hans Filbinger und der – beantragte die Todesstrafe. Als die Urteilsbestätigung vom Oberkommando der Marine in Berlin auf sich warten ließ, fragte Filbinger mehrmals telefonisch nach, mahnte zur Eile und ließ am 16. März 1945 um 16.02 Uhr Walter Gröger erschießen.

Dessen Mutter Anna Gröger erfuhr erst 1954 davon.

Freundin Marie Lindgren erst 1978, durch Autor Rolf Hochhuth.

Damit nicht genug: Am 9. April 1945 hatte Filbinger den Obergefreiten Bigalske und am 17. April 1945 den Obersteuermann Alois Steffen zum Tode verurteilt, »in Abwesenheit«, denn beide waren rechtzeitig nach Schweden entkommen.

Als *ZEIT*-Chefredakteur Theo Sommer diese Unterlagen dem baden-württembergischen Ministerpräsidenten vorlegt, sagt Filbinger, es seien »Phantomurteile« gewesen, die nie für eine Vollstreckung vorgesehen waren.

An das erste könne er sich erinnern, die anderen habe er »wegen ihrer Belanglosigkeit vergessen«. Dem Bundesarchivar Heinz Boberach aber versichert er: »Falls noch ein viertes Todesurteil auftaucht, trete ich zurück.«

Am 27. Juli 1978 entdeckt eine Archivarin den Fall Herbert Günther Krämer. Der hatte nach einem Bombenangriff auf Hannover allzu gründlich »beim Aufräumen geholfen« und eine Drogerie geplündert. Hans Filbinger verurteilte ihn zum Tode. Filbingers Vorgesetzten erschien diese Strafe für ein paar geklaute Shampoos und Kosmetika übertrieben hart, man wandelte sie in acht Jahre Lagerhaft um. Dieses Arbeitslager überlebte der junge Herr Krämer nicht.

Ministerpräsident Filbinger trat am 7. August 1978 von seinem Amt zurück, ohne die Spur einer Entschuldigung oder Reue, im Gegenteil. Ihm sei von einem »linken Abschusskartell schweres Unrecht angetan worden«, er sei »Opfer eines Feldzugs linksliberaler Medien« geworden. Es war der CDU-Parteikollege und gläubig katholische Mitchrist Norbert Blüm, der dazu ebenso treffend wie traurig sagte: »Selbstgerechte kann man nicht verteidigen.«

Am 11. April 2007, bei der Beerdigung in Freiburg, tut Günter Oettinger aber genau das: Er verteidigt Hans Filbinger. Im Rahmen eines Staatstraueraktes vor laufenden Kameras.

Als Wolfgang Thierse, der – ebenfalls fromm katholische – SPD-Bundestagsvizepräsident, am Tag darauf noch ganz höflich formuliert, »es würde moralische Größe zeigen, wenn Oettinger einen Satz der Entschuldigung formulieren könnte«, entgegnet der noch am selben Tag trutzig in einem Rundfunkinterview: »Meine Rede war öffentlich, sie war ernst gemeint, und sie bleibt so stehen!«

Michael Blume wird mulmig. Er will nicht den Oberstreber geben, keine Kollegen anschwärzen. Man hatte ihm die Rede nicht vorab zur Mitunterzeichnung gegeben, da »Filbingers Urteile keine Bezüge zu Juden oder Muslimen hatten«. Das stimmt. Aber Freunde aus dem Zentralrat der Juden berichten schon von Kaskaden von Anrufen, in denen Journalisten, aber auch Bürgerinnen und Bürger fragen, was von dieser Rede zu halten sei. Michael gibt das in einer Besprechung zu bedenken, wird aber überstimmt. Noch halten viele Haupt- und Ehrenamtliche still, denn eigentlich schätzen sie den aufgeweckten Reformer Oettinger und hoffen, dass er rechtzeitig einlenkt.

Ausgerechnet am Freitag, den 13., erreicht die Empörungswelle ihren Höhepunkt. »Das sind brachiale historische Unwahrheiten«, poltert der Hamburger SPD-Politiker Michael Naumann, »die er mal den Angehörigen all der hingerichteten deutschen Soldaten sagen sollte.« Das ist während der Live-Übertragung des Staatstraueraktes längst geschehen: Ursula Galke, die 78-jährige Schwester des erschossenen Walter Gröger, wird in Niedersachsen bereits durch die Zeitungsredaktionen gereicht.

Am Samstag veröffentlicht die Pressestelle des Stuttgarter Staatsministeriums eine Erklärung Oettingers zu dem »Missverständnis, ich hätte die Nazi-Zeit relativieren wollen. Ein solcher Eindruck war in keiner Weise gewollt und wo er entstanden ist, bedaure ich dies ausdrücklich.«

Es ist verhext: Das Papier macht die Sache eher schlimmer. Dass er »die Nazi-Zeit relativiert« hätte, hatte ihm niemand vorgeworfen. Nur für die Schönfärberei der Filbinger-Biografie solle er sich entschuldigen.

Das aber tut er nicht. In Bremen läuft gerade der Parteitag der Grünen, und die fragen sich bzw. ihn, »wie man mit einer solchen Einstellung Ministerpräsident eines Bundeslandes bleiben kann«.

Michael Blume wundert sich über die Gelassenheit am Stuttgarter Regierungssitz: Rücktrittsforderungen? Herrje, die Grünen. Was erwartet man anderes von denen. »Solange der Zentralrat der Juden nichts sagt, stehen wir das Parteiengezänk durch«, scheint die Devise zu sein.

»Vorsicht, die haben lange stillgehalten, stehen aber auch unter dem Druck ihrer Basis und der Medien.«, warnt Michael, »Samstag ist Sabbat. Ob sie was sagen, entscheidet sich erst morgen.«

Am Sonntagmorgen muss er arbeiten – ein Termin an der KZ-Gedenkstätte am Flughafen. Danach kommt er mit ein paar Tüten Eis in der Hand nach Hause, um seine Kinder zu überraschen und sich bei seiner Frau für ein wieder mal durchlöchertes Wochenende zu entschuldigen. Das Handy klingelt. Michael gibt die Eistüten ab und geht ran. Es ist das Staatsministerium. Ein Krisenstab ist zusammengetrommelt worden: »Michael! Das Simon-Wiesenthal-Center in Jerusalem, das Moses-Mendelssohn-Zentrum in Potsdam, der KZ-Überlebende Ralph Giordano und der Zentralrat der Juden in Berlin haben den Rücktritt des Ministerpräsidenten gefordert! Wir werden hier mit Anfragen überrollt! Was sollen wir jetzt machen?«

Michael schaut Zehra an. Ihr Blick sagt: Los! Es ist dein Job.

Er springt ins Auto, telefoniert während der Fahrt. »Krisenstab! Der MP möge bitte in die Zentrale der israelitischen Religionsgemeinschaft hier in Stuttgart kommen. Die kennen und mögen ihn doch alle, Leute!«

Auf der Fahrt telefoniert Blume die drei ehrenamtlichen Vorstandsmitglieder der jüdischen Gemeinde zusammen. Sie stehen kaum am Eingang zusammen, da biegt schon die Limousine des MP in die Straße ein. Günter Oettinger sitzt selbst am Steuer. Kein Fahrer, kein Referent, keine Personenschützer. Er ist direkt von zu Hause gekommen.

Michaels diplomatisches Ziel: Der MP erklärt sich der jüdischen Gemeinde vor Ort. Diese bitten den Vorstand und die Präsidentin des Zentralrats, Charlotte Knobloch, sowie den Generalsekretär Stephan Kramer, ihre Rücktrittsforderung zurückzuziehen. Weil sie wissen, dass er weiß Gott kein Antisemit ist. Weil sie sein erfolgreiches Krisenmanagement, als es vor zwei Jahren um das Massengrab am Flughafen ging, noch positiv in Erinnerung haben. Wenn die Zeitungen für Montag mit den Rücktrittsforderungen titeln, dann ist es hunderttausendfach draußen, dann kann das keiner mehr aufhalten. Es wird eng, die Zeit rennt.

Während die Herrschaften – und eine Dame – im Vorstandszimmer tagen, klingelt unablässig Michaels Handy. Ein ums andere Mal drückt er den Anrufer weg. Dann erkennt er die Nummer des Krisenstabes wieder, geht kurz raus. »Blume! Die Kanzlerin will den MP sprechen.«

Betont unaufgeregt, wie der Liftboy eines Luxushotels, steckt Michael den Kopf ins Zimmer: »Herr Ministerpräsident, die Kanzlerin würde Sie gerne kurz sprechen. Sie ruft Sie auf Ihrem Handy an!«

»Ach du Schreck. Das habe ich zu Hause gelassen.«

»Dann … nehmen Sie meins.«

Es ist jener Anruf, in dem Angela Merkel ihrem treuen CDU-Landesfürsten im Südwesten einerseits »sehr deutlich sagt, dass sie einen Hinweis auf kritische Fragen im Zusammenhang mit dem Verstorbenen für angemessen gehalten hätte«. Es wird aber auch der Anruf, mit dem sie parteiintern signalisiert, dass Günter Oettinger im Amt gehalten werden sollte. Sie bittet ihn für den kommenden Montag zu einer CDU-Vorstandssitzung nach Berlin.

»Die Kanzlerin auf meinem alten Handy«, schmunzelt Michael rückblickend, als wär's der Zettel von Günter Schabowski, der in der Pressekonferenz am 9. November '89 irrtümlich die Mauer öffnete.

Der Knoten löst sich. Noch vor 18 Uhr schafft es die Runde, dass der Zentralrat der Juden keinen Amtsverzicht, sondern nur eine formale Entschuldigung fordert. Die sagt der Ministerpräsident zu. Am Montag tritt Günter Oettinger in der Berliner CDU-Zentrale an und »stellt klar, was klarzustellen war«, erzählt Michael. »Für Mittwoch haben wir dann noch ein abschließendes Gespräch mit dem Zentralrat in Frankfurt organisiert. Auf halber Strecke sozusagen, damit es weder für uns Stuttgarter noch für die Berliner ein Gang nach Canossa wird.«

Oettinger bedankt sich bei Michael Blume mit einer Flasche Wein.

»Rot oder weiß?«

»Gerne rot, Herr Ministerpräsident.«

»Oettinger reicht.«

»Ja, Herr Ministerpräsident.«

Wenige Jahre später meldet sich der Vorstand einer großen Bank. Man sucht einen persönlichen Redenschreiber und Berater. Gelernte Finanzassistenten, die für Ministerpräsidenten gearbeitet haben, gibt es nicht so viele. Die Headhunterin präsentiert einen Gehaltsvorschlag, mit dem der öffentliche Dienst nicht mithalten kann. Michael fühlt sich geschmeichelt. Wäre damit nicht auf einen Schlag die Familie für all die harten Jahre entschädigt?

Zehra – auch sie hat den Finanzsektor längst verlassen und arbeitet bei einer Personalfirma – ist offenbar schon vielen Gefangenen in goldenen Käfigen begegnet und stellt nur eine Frage: »Wie viel Spielraum wirst du haben?«

Michael informiert seinen Chef, dass man ihn abwerben will. Der seufzt und zuckt die Schultern: »Ich kann Ihnen wenig anbieten, wir sind im öffentlichen Dienst. Aber ich hätte es trotzdem gerne, wenn Sie bleiben.« – »Genau das rät mir meine Frau auch.« – »Dann haben Sie eine kluge Frau.«

KAPITEL 19

# Das ist der Gipfel

Es klopft.

Ein groß gewachsener Mann mit Bürstenhaarschnitt betritt das kleine Büro:

»Oh, Sie packen?« Sein Blick fällt auf die halb vollen Umzugskartons.

Michael ist völlig überrascht. Winfried Kretschmann, der erste »grüne« Ministerpräsident in der Geschichte der Bundesrepublik, schneit persönlich und unangemeldet hier rein?

Vor wenigen Monaten, in einer als historisch bezeichneten Landtagswahl, gingen 58 Jahre ununterbrochene Regierungszeit der CDU in Baden-Württemberg zu Ende. Zu Bruch, könnte man sagen. Denn ausgerechnet im Mittelständler-Musterländle, ausgerechnet im Land der Daimlers, Porsches und Boschs, ausgerechnet da, wo die Biederbürger entweder konservativ katholisch oder evangelisch-pietistisch sind, regiert jetzt ein Grüner.

»Ja, ich packe. Sie haben eine neue Staatsrätin berufen, die meine Stelle doch wohl neu besetzen wird. Mit anderen Experten, völlig okay. So sind die Regeln. Das ist jetzt Ihr Haus.«

Seit dem »schwarzen Donnerstag« im Stuttgarter Schlosspark, dem 30. September 2010, als auf ausdrückliche Anordnung des vorigen Ministerpräsidenten Stefan Mappus die Polizei mit besonderer Härte gegen die »Stuttgart 21«-Protestler vorgegangen war, ahnt Michael, dass im Staatsministerium Stühle wackeln werden. Nachdem berittene Polizisten mit Schlagstöcken und Pfefferspray mehr als einhundert Demonstranten zum Teil schwer verletzten und ihre Wasserwerfer einem Dietrich Wagner das Augenlicht für immer wegpusteten, kam Stefan Mappus nicht mehr aus den Negativschlagzeilen. Und am 27. März 2011 war der Wahltag dann Zahltag: Die CDU blieb zwar stärkste Partei im Parlament, aber mit einem sensationellen Zugewinn von 12 Prozent für die »Grünen« war die schwarz-gelbe Regierungsmehrheit futsch.

»Na ja«, Winfried Kretschmann macht die für ihn typische Denkpause im Satz, »wirklich viele Leute hab ich ja gar nicht. Ich würde ein Referat für Kirchen- und Religionsangelegenheiten plus Integration von Minderheiten einrichten und …«, er pausiert wieder und fixiert Michael einen Moment lang, »Herr Blume, wir kennen uns, ich hätte Sie gerne als Referatsleiter. Würden Sie bleiben?«

Michael bemüht sich, nicht mit offenem Mund zu staunen. Es gab mal einen gemeinsamen Diskussionsabend, sicher, aber der ist 15 Jahre her.

Es gab die Verleumdungsaffäre des Verfassungsschutzes und das gute Wort, das Kretschmann für ihn eingelegt hatte. Aber eine verlorene Wahl bedeutet für viele Angestellte eines Ministeriums die Versetzung, den Wechsel ihrer Arbeitsstelle. Und wenn einer bleiben darf, dann auf dem korrekten Dienstweg: Der Personal- oder Büroleiter schreibt eine E-Mail, der Kandidat bewirbt sich neu, die Entscheidungen kriechen mühsam die Hierarchieleiter hinauf. Der neue Ministerpräsident geht offenbar den umgekehrten Weg: Er steht einfach im Zimmer und fragt. Michaels Gedanken schlagen Kapriolen.

Ein Parteiwechsel aus Karrieregründen kommt für ihn nicht infrage. Er ist Christdemokrat, er steht dazu, und dabei bleibt's. Auf den unteren Verwaltungsebenen gibt es Leute, die ihr schwarzes Parteibuch unauffällig »vergessen«, leise aus der CDU austreten oder angeblich immer schon parteilos waren. Andere wiederum empfinden es als Verrat, wenn man bei Kretschmann bleibt. Und die »neuen« Grünen und Roten – werden sie einem übernommenen Schwarzen vertrauen?

Michaels Blick fällt in diesem Moment auf eine Damen-Handtasche, die auf der Fensterbank steht – und er weiß, was er antworten wird: »Ich habe zwei Mitarbeiterinnen in meinem Team mit befristeten Verträgen. Die stünden vor dem Aus. Wenn die mit übernommen werden, bin ich dabei.« Kretschmann stutzt, nickt und reicht ihm die Hand. »Na, dann stellen Sie mir die beiden mal vor.«

Ist es bewundernswert solidarisch, so was zu verlangen? Oder einfach nur dreist? Oder beides? Diese seltsame blumsche Mixtur aus Korrektheit mit einem Schuss Wagemut? Kann man so viel Glück auf einmal haben?

»Unter der vorigen Regierung war meine Verbeamtung eingeleitet worden«, erklärt Michael, »aber solche Beförderungen werden bei einem Regierungswechsel erst mal alle gestoppt. Der neue MP jedoch stimmte zu, dass ich Beamter werde. Und ein Personalreferent feixte: ›Es gibt nicht viele Entscheidungen von Mappus, die Kretschmann dann umgesetzt hat, höhö.‹«

Glückliche Siege auf der ganzen Linie also? Keineswegs. Im Berufsalltag auf den Fluren und Teeküchen jedenfalls nicht. Manche »Grüne« fremdeln mit dem christlichen Religionsheini. »Kirchenreferat? Aus der Kirche bin ich schon lange ausgetreten«, ist noch eine der freundlicheren Begrüßungen, die Michael jetzt zu hören bekommt. Eine Ministerin lässt ihm direkt ausrichten, er sei ihr »zu fromm«.

Zehra merkt, dass ihm das wehtut. Es erinnert sie an die grüne Lehrerin von damals, die ihre junge Ehe missbilligte. »Konservativen CDUlern musste Michael oft erklären, warum er mit einer Muslimin verheiratet ist. Für linke Grüne war er jetzt plötzlich ein halber Fundi, der mich geheiratet hat, weil er auf türkisches Patriarchat steht.«

Michaels Position zwischen allen Stühlen macht ihn zum Blitzableiter für Frustrierte. Die Verletzungsspuren sind ihm anzuhören: »Viele linke Grüne fanden es unerträglich, dass ausgerechnet dieser wertkonservative, katholische, ökoliberale Kretschmann beim Volk so beliebt war. Bei Leuten, die dafür stimmten, den unterirdischen Bahnhof Stuttgart 21 weiterzubauen! So was lässt man natürlich nicht beim Chef selbst raus, sondern sucht sich ein Opfer weiter unten in der Hierarchie. Ich musste mir gehässige Sprüche anhören, ich wurde bei manchen Terminen ›vergessen‹, bekam keine Einladung und auch sonst nicht mehr alles mit.« Aber er lernt auch Grüne kennen, die mit Offenheit und Anstand auf seine Kenntnisse und Erfahrungen setzen.

Es kommt der 7. Juli 2013. Die erste Reise des neu gewählten Papstes geht auf die süditalienische Insel Lampedusa. Tausende sind hier ertrunken. Immer wieder ziehen die Fischer in ihren Netzen Leichenteile mit an Bord. Rund 10 000 gestrandete Flüchtlinge, Tausende Einheimische, ein paar Hundert Journalisten sind auf dem Sportplatz versammelt. Papst Franziskus warnt vor einer »Globalisierung der Gleichgültigkeit«, denn »wenn die ethische Orientierungslosigkeit weltweite Ausmaße annimmt, kommt es zu solchen

Tragödien«. Von einem Patrouillenboot aus wirft er einen Blumenstrauß ins Meer: »Ich bete für alle, die es nicht bis hierher geschafft haben.« Seine, wie wir heute wissen, prophetische Warnung findet in den europäischen Machtzentralen kein Gehör. Auch in den kleinen Regionalregierungen nicht: »Eines Tages bat mich Dr. Christian West, ein brillanter Jurist und auch menschlich feiner Kerl, in sein Büro. Er hatte sich die Asylbewerberzahlen besorgt und die von Italien und Griechenland danebengelegt. Ganz klar zu sehen: Die sogenannte Dublin-Regelung, dass die Ankunftsländer Asyl gewähren sollen, wird von immer mehr Flüchtenden buchstäblich ›unterlaufen‹, sie laufen nämlich einfach weiter. Aus Verzweiflung. ›Was also machen wir, wenn eines Tages Italien und Griechenland nicht mehr können und die Fliehenden einfach durchwinken?‹, fragte Christian. Wir schrieben einen Vermerk für den MP mit einer Vorwarnung und Vorschlägen.«

Doch inzwischen gibt es ein eigenes Ministerium für Integration – und mächtige Stimmen, die finden, der schwarze Referatsleiter habe lange genug Ministerpräsidenten beraten. Von irgendwoher im weitläufigen Personalgelände dröhnt ein Schweigen, der rührige kleine Beamte möge doch bitte fortan die Politik den Politikern überlassen.

So. Zwei Jahre hat es gedauert, bis der anfänglich so hochbegehrte Herr Dr. Blume brachial ausgebremst und an die Leine gelegt wird. Einige Bekannte sagen ihm mit grimmigem Humor: »In der freien Wirtschaft, in Konzernen, in Banken, passiert das jeden Tag.« Wie alle Ausgebremsten ist Michael zunächst frustriert, enttäuscht, gekränkt. Seine Expertise, schlimmer noch: die seines ganzen Teams, dringt nicht mehr durch. So ein Rüffel scheppert und spricht sich schnell herum. Und schmerzt.

»Ich schmollte still vor mich hin. Kann man mit 37 schon eine Midlife-Krise kriegen? Ich hatte jedenfalls eine. Ich fühlte mich als überflüssiger Frühstücksdirektor, der ich nie hatte werden wollen, und schämte mich auch vor meinen Leuten. Und ich hatte ja auch keinen Schimmer, wie lange das dauern würde. Zwei Jahre, fünf Jahre, bis zur Rente?«

Aussteigen geht nicht mehr, er ist Beamter und hat Familie. Und er hat ein starkes Team, um das er sich kümmert. Dass gute Leute unter diesen Umständen kündigen, kann er verstehen. Michael macht bald Dienst nach Vorschrift, dreht sein kreatives Mitdenken auf Sparflamme und kanalisiert Fleiß und Interesse ins religionswissenschaftliche Bloggen, Schreiben und Lehren. »Dann können wir doch dieses Jahr mal richtig Urlaub machen!«, muntert ihn Zehra auf.

Es ist Ende August 2014. Zehra, Michael und die drei Kinder sind mit den Schwiegereltern Tayanc an der türkischen Mittelmeerküste. Sommer, Sonne, Strand und Meer, Spiel und Spaß und leckeres Essen.

Sein Handy klingelt. »Der Ministerpräsident will Sie sprechen. Ja, persönlich. Sie sind mit der Familie in der Türkei? Wie schnell können Sie in Stuttgart sein?«

Das Integrationsministerium Baden-Württemberg unter Leitung der türkischstämmigen SPD-Ministerin Bilkey Önay hat gerade eine Art Notruf abgesetzt: 2013 waren bundesweit rund 127 000 Asylanträge gestellt worden, jetzt sind es schon innerhalb eines halben Jahres ebenso viele! Eine Steigerung von mehr als 60 Prozent ist bis zum Jahresende zu erwarten und wenn die Mehrheit aus Syrien kommt, sind das unabweisbare Kriegsflüchtlinge nach der Genfer Flüchtlingskonvention. Die Terrormiliz »Islamischer Staat« hat gerade die

Millionenstadt Mossul eingenommen und am 29. Juni 2014 ein »Kalifat« ausgerufen. Alle, die nicht sunnitisch-islamisch sind, gelten als Todfeinde. Jesiden werden in einem Genozid massakriert, strömen ohne Hab und Gut und auch ohne Wasser in die heißen Berge des Shingal. Christen, Aleviten, Schiiten sind auf der Flucht – am Ende werden Millionen Syrer und Iraker versuchen, in die Türkei zu fliehen.

Winfried Kretschmann unterbricht seinen Urlaub. »Warum hat uns keiner gewarnt? Was sagen die Fachleute?« Sein Büroleiter Florian Hassler weiß: »Das Referat Blume wollte dich schon letztes Jahr warnen.«

Er reicht Kretschmann eine Kopie des Aktenvermerks. Das Original ist längst Altpapier. Der Ministerpräsident ist stinksauer. »Ich will den Blume hier haben. Und zwar sofort!«

»Aus dem Urlaub geholt zu werden ist ärgerlich, gehört aber zum Job«, erzählt Zehra, »aber das Gute war: Michael schaltete aus dem Frust- in den Kampfmodus. Er saß am nächsten Tag etwas zerknautscht und im einzigen Anzug, den er im Urlaub dabeihatte, bei Kretschmann im Büro.«

»Wir können jetzt alle über die wachsenden Asylbewerberzahlen jammern …«, fängt Michael an. »Oder wir rufen einen Flüchtlingsgipfel zusammen«, macht Staatssekretär Klaus-Peter Murawski weiter. »Mit den Fraktionsvorsitzenden, den Ministerien und Kommunen, mit den Kirchen und Hilfsorganisationen«, ergänzt Florian Hassler. »Alles inhaltlich gut vorbereitet, damit Beschlüsse gefasst werden können«, fügt Michael noch an. »Anfang Oktober«, schlägt Murawski ehrgeizig vor. Kretschmann schaut auf Blume. »Ist das zu schaffen?« – »Ich bräuchte noch zwei Leute. Und die Unterstützung des Staatssekretärs, falls sich jemand querstellt.« Kretschmann nickt. »Klaus-Peter, wenn sich jemand querstellt, gibst du mir Bescheid.« Er schaut zu Michael. »Brauchen Sie noch was?« – »Ja. Ich sollte schnell nach Hause. Duschen und umziehen.«

»Ich hab dann im September 2014 sehr wenig geschlafen.« Das sagt sich im Rückblick leichter, als es für seine Frau, die Kinder und sein Team war.

Trotzdem freut sich Zehra, dass Michael wieder einen Sinn in seiner Arbeit findet und eine Konferenz vorbereitet, die die erste ihrer Art in Deutschland sein wird. Als alle Themen und Prognosen, Handlungsoptionen und Zuständigkeiten so weit eingetütet sind, kommt ein sichtlich aufgewühlter Staatssekretär Murawski zur Tür herein und legt eine Fotomappe auf den Tisch, die er bei der Klausurtagung in Berlin von einer Gruppe Jesiden bekommen hat.

»Diese Mappe hatten bis dahin erst vier oder fünf Leute gesehen«, sagt Michael und legt sie in einen abschließbaren Teil seines Büroschranks zurück. »Auch meinen Mitarbeiterinnen hab ich das nicht zugemutet. Es ist zu grauenhaft, wie sie da kleine Mädchen und junge Frauen mit allen möglichen Gegenständen zu Tode foltern. Und die Eltern zwingen, dabei zuzuschauen!«

»Was kann man da machen?«, fragt ihn sein Vorgesetzter. »Die Überlebenden sitzen in Zelt-Camps, momentan noch geschützt von kurdischen Peschmerga-Kämpfern.« Aber die Zeit drängt.

»Man müsste sie holen«, seufzt Michael, »aber wie soll das gehen?«

Bevor wichtige politische Entscheidungen – oder sensationelle journalistische Enthüllungen – ans Licht der Öffentlichkeit treten, haben meist ungenannte »Bergarbeiter« in den Tiefenschichten der Aktenberge und Archive gegraben und geschürft. Und stoßen diesmal auf Gold: Ein erfahrener Abteilungsleiter in Bilkey Önays Integrationsministerium erinnert sich, dass es Bundesländern rechtlich erlaubt ist, aus humanitären Gründen eine begrenzte Anzahl von Flüchtlingen aufzunehmen, ohne dass sie das reguläre Asylverfahren durchlaufen müssen. »Ein juristisches Relikt aus der Zeit nach dem Vietnamkrieg.«, erklärt Michael, »Mitte der 80er-Jahre waren vietnamesische Flüchtlinge, die ›Boat People‹, auf Vorstoß von Niedersachsen als sogenannte Kontingentflüchtlinge in Deutschland aufgenommen worden. Der Paragraf war in Vergessenheit geraten, aber da sieht man mal, was die Erfahrung älterer Kollegen wert ist.«

Anfang Oktober 2014. Flüchtlingsgipfel im Neuen Schloss in Stuttgart. Inzwischen stehen viele Delegierte unter dem Schock des Jesiden-Massakers. Die Horrorbilder aus der Fotomappe wiederholen sich offenbar, denn der Genozid geht ja weiter mit jedem Tag, an dem der IS nicht besiegt ist. Es ist politisch absurd: Eine Konferenz, die den Zustrom an Flüchtlingen als Problem behandelt, stellt sich die Frage: Sollen wir bis zu 1000 Opfer sexueller Gewalt aus dem Kriegsgebiet holen?

»Rechtlich geht es«, sagt Winfried Kretschmann, »aber soll der Bund die Kontingentflüchtlinge aufnehmen und wir als Baden-Württemberg bezahlen es?« Da meldet sich Reinhard Arnold, CDU-Bürgermeister von Schwäbisch Gmünd: »Ich kann nur für meine Stadt sprechen, Herr Ministerpräsident. Wir nehmen eine Gruppe dieser Frauen und Kinder bei uns auf!« Eine weitere Bürgermeisterin meldet sich, ein Landrat, die Kirchen, die Verbände – es entsteht ein Konsens, wie ihn Michael noch nie erlebt hat. Einstimmig: *Ja.*

»Michael kam übermüdet, aber überglücklich nach Hause und konnte nicht einschlafen, bevor er nicht alles erzählt hatte«, zwinkert Zehra und muss lachen, »er war so stolz auf dieses sonst oft so brave, auch mal spießige Baden-Württemberg mit Herz.«

Allerdings: Nach der Abstimmung hatte ihn ein gestandener CDU-Politiker angesprochen: »Ich weiß ja, dass Sie als Beamter loyal sein müssen, Herr Blume. Aber doch nicht sooo loyal.« Das Ganze war ihm zu glatt organisiert, zu überparteilich und euphorisch vonstattengegangen.

Wie mit einem Schwall kalten Wassers ins Gesicht wird Michael in den folgenden Wochen klar, dass keineswegs alle Konservativen hinter solchen humanitären Aktionen stehen werden. »Es kündigte sich ein feiner Riss in der Union an zwischen denen, die das ›C‹ eher so als eine Art Vorzeige-Symbol sehen, und denen, die es auch inhaltlich verpflichtend leben wollen.« Michael seufzt, wenn er daran denkt. »Ja, es stimmt – kein Land der Welt kann allen Flüchtlingen helfen. Aber mehr als elf Millionen Menschen im Ländle – können die nicht 1000 Menschen extra aufnehmen?«

Er ahnt nicht, wie konkret und dramatisch das Thema für ihn werden wird.

KAPITEL 20

# Da reingehen und die rausholen?

So einfach wird das nicht, lernt Michael im November 2014: Das Auswärtige Amt in Berlin lässt Baden-Württemberg gewähren, »obwohl Außenpolitik nicht Sache der Länder ist«, wie man ihm hin und wieder mahnend mitteilt und süffisant hinzufügt: »Oder hat Herr Kretschmann schon eine eigene Armee?«

Im Irak gibt es die Zentralregierung in Bagdad und eine kurdische Regionalverwaltung Nordirak, die sich »autonom« nennt und fühlt. Sie liegt mit Bagdad über Kreuz und hat sehr wohl eine eigene Armee: die Peschmerga-Truppen. Überflugrechte, Start- und Landeerlaubnisse sowie Einreisevisa für seine Mitarbeiter muss Michael »zentral« in Bagdad erfragen. Autos, Begleitschutz und Busse für den Transport Hunderter Frauen organisiert er »regional« in Erbil.

»Ich habe ziemlich zugenommen«, gesteht er Zehra am Telefon, als die ersten Vorbereitungsbesuche absolviert sind, »die kurdischen Lokalpolitiker, die Stammeschefs, die Scheichs und Militärs sind unglaublich gastfreundlich, die füttern dich ab bis zum Gehtnichtmehr. Ich kann hier natürlich nicht einfach joggen, das lässt die Sicherheitslage nicht zu.« Zwischen würzigem Lammfleisch und süßen Desserts machen die Herren aber auch ihr bitteres Dilemma deutlich: Natürlich sind auch sie erschüttert vom Leid der Frauen und Kinder aus den Sindscharbergen. Natürlich begrüßen sie jede humanitäre Hilfe. Aber sie möchten niemandem signalisieren, überfordert oder gar hilflos zu sein. Der Zentralregierung in Bagdad gegenüber nicht und dem »Islamischen Staat« gegenüber schon gar nicht. Wenn jetzt massenhaft jesidische Frauen außer Landes gebracht werden – hat dann der IS nicht Erfolg gehabt mit seinem Programm der »ethnischen Säuberungen«? Werden dann anstelle der kurdischen Dörfer arabische Siedlungen entstehen? Michael muss zur Kenntnis nehmen: Sogar traumatisierte Frauen und Kinder sind Figuren auf dem Schachbrett des Krieges.

Er verspricht Geheimhaltung, auch in deutschen Medien. »Wir publizieren nicht, bis der IS zurückgeschlagen ist.« Und weiter: »Es geht nicht darum, dass Deutschland allerlei Kurden evakuiert, als Signal einer beginnenden Kapitulation«, formuliert er, »sondern die südwestdeutsche Regionalregierung bittet die nordirakische Regionalregierung um Unterstützung bei der Ausreise einer ganz speziell betroffenen Opfergruppe. Diese wird weder ethnisch noch religiös identifiziert, es kommen christliche, jesidische und muslimische Frauen infrage. Ausgewählt wird einzig und allein nach dem medizinischen und psychotherapeutischen Befund ihrer Kriegsverletzungen.«

Die Verhandlungen kosten Zeit, Nerven und literweise Tee. Erst als Staatssekretär Klaus-Peter Murawski und der kurdische Außenminister diese gemeinsame Erklärung unterzeichnen, rücken die Kurden mit einer wichtigen Information heraus: Alle Personen, die es wie auch immer geschafft haben, dem IS zu entkommen und die Kriegsfront zu überqueren, wurden von ihnen namentlich gelistet und verhört. Bei allem Mitleid – es könnten ja auch Spitzel des IS darunter sein.

»Das waren zwei riesige Datensätze, die sie uns zur Verfügung stellten, aus denen wir schon vieles entnehmen konnten, was wir die traumatisierten Kandidatinnen gar nicht mehr fragen mussten. Datenschätze, wie sich später herausstellte«, sagt Michael. »Und die kurdischen Militärs waren ihrerseits dankbar, dass wir ihnen versprachen: Es wird kein einziger Euro Lösegeld fließen, auch wenn man uns eindringlich darum bittet.«

Menschenhandel mit Sklavinnen ist ein lukratives Geschäft des »Islamischen Staats«: Entführte Frauen aus begüterten Familien werden gezwungen, zu Hause anzurufen – im kurdisch kontrollierten, sicheren Gebiet – und eine astronomische Summe für ihre Freilassung zu verlangen. Können die Angehörigen das nicht leisten, müssen sie live am Telefon die Folterung ihrer Tochter, Schwester oder Cousine miterleben. Das Ergebnis: Viele Familien verkaufen alles, was in ihrem Haushalt nicht niet- und nagelfest ist, und leihen sich panisch von überallher Geld zusammen. Sind sie zahlungsfähig und -willig, werden Geldboten, die ihr Leben aufs Spiel setzen, um eine IS-Gefangene freizukaufen, per SMS in die Nähe der Front dirigiert, zu geheimen Treffpunkten. Sind solche Boten humanitäre Idealisten? »Möglich«, antwortet Michael und schüttelt nachdenklich den Kopf, »aber darunter sind leider auch Kriminelle und IS-Agenten, Geldbeschaffer im Feindesland. Und im Gebiet des ›Kalifats‹ sind es ihre eigenen Leute, untere Chargen, die sich ein Zubrot verdienen als Transporteure. Auch für den Handel mit Öl übrigens, an dem die Terroristen verdienen. Aber wie bei allen Übergaben von Lösegeld gibt es oft Missverständnisse, Schießereien, viele Tote.«

Was passiert, wenn die freigekaufte Frau vom IS-Gebiet auf die sichere kurdische Seite wechseln darf? »Die Terroristen lassen ihre sozusagen ›abkassierten‹ Sklavinnen manchmal einfach irgendwo laufen, und diese fliehen in Richtung

Heimat. Oft geschieht dies während massiver Luftangriffe der alliierten Bomber, denn dann sind sowohl die IS-Kämpfer als auch die Peschmerga beschäftigt. Oder sie werden, noch auf der IS-Seite, von Fluchthelfern in Empfang genommen und begleitet.«

Also gibt es doch humanitäre Idealisten innerhalb des »Islamischen Staats«?

»Na ja, wenn der IS eine Stadt erobert hat, sind ja nicht alle Einwohner plötzlich überzeugte Islamisten. Im Gegenteil. Es gab arabische Undercover-Schmuggler, die unter Einsatz ihres eigenen Lebens freigelassene IS-Gefangene in ihre Heimat zurückbrachten. Aber auch das machten die nur selten für einen warmen Händedruck. Zwischen 10 000 und 40 000 Euro koste so eine Flucht, hörten wir. Bei unseren Aufnahmegesprächen in Dohuk sagten die Frauen nur: ›Wir sind entkommen!‹ Wie sie entkommen sind und wie viel eventuell dafür bezahlt wurde – das haben wir sie nicht gefragt. Wir wussten ja, all das gibt es.«

Bei einer seiner späteren Reisen wird Michael Blume erfahren, dass manche Frauen zwei Mal geflohen sind: erst vor ihren Vergewaltigern des IS und dann aus ihrer ersehnten Herkunftsfamilie, in die sie zurückgekehrt waren.

»Die Verwandten merken ja erst nach dem Wiedersehen, welche Überforderung ein traumatisierter Mensch sein kann. Du hast all dein Hab und Gut für ein Lösegeld versilbert, du bist faktisch pleite, hast nun eine junge Mutter am Tisch sitzen, die vergewaltigt wurde, die nichts isst, nachts schreit, tagsüber schweigt und nicht mal mit ihren Kindern spricht. Deren Mann tot ist und für die sich niemand interessiert. So begann nach der Flucht vor dem IS oft eine zweite Leidenszeit.«

Je tiefer man in die Details einer geplanten Aktion dringt und je vertrackter die Probleme werden, umso wahrscheinlicher ist es, dass man aufgibt. Dass die Komplexität wieder mal den Mut besiegt, dass die Realität jeden Idealismus erschlägt. Warum nicht auch bei Michael Blume?

Es ist Zehra, die irgendwann spätabends staunt: »Ausgerechnet du, der Sohn ausgereister DDR-Bürger, sollst nun für andere Ausreisepapiere besorgen und die politischen und juristischen Details klären! Du sollst Leuten Mut und Hoffnung machen, die aus einem Horrorknast kommen. Als Sohn eines Vaters, der aus einem Horrorknast kam. Du sollst die religiöse Gleichberechtigung der Opfer eines Religionskriegs sicherstellen – und hast ohne klares Berufsziel Religionswissenschaft studiert! Ich glaube, Gott denkt sich was bei unseren Lebenswegen, findest du nicht?«

Je öfter Michael in der Verwaltung, in den Medien oder in der Verwandtschaft die Sätze hört: »Man kann schließlich nicht allen helfen« oder »Wie viele soll Deutschland denn noch aufnehmen?«, umso klarer formuliert er für sein künftiges Team drei Prinzipien. Erstens: Jedes Leben zählt. Wenn es keine 1000 Personen sind, die wir retten, sondert nur 300, dann ist das moralisch genauso wichtig wie eine einzige Frau. Zweitens: Ob wir die Motive, Meinungen und Pläne einer Frau teilen oder nicht – wir sind nicht als Richter gekommen. In jedem Menschen, jeder Erwachsenen und jedem Kind, sehen wir ein Ebenbild Gottes mit unveräußerlicher Menschenwürde und uneingeschränkten Menschenrechten. Drittens: Wir werden Fehler machen. Aber jeden nur ein Mal.

»Und dann, zu Hause im Ländle, hab ich Leute gesucht, die sich mit mir auf den Weg machen. Die findest du nicht per

Stellenausschreibung, wir mussten ja unter Geheimhaltung agieren. Solche Menschen kannst du dir nur vertraulich suchen.«

Er hat Glück. An der Uni Tübingen läuft gerade ein Archäologen-Kongress. »Schreibtisch-Wissenschaftler oder reine Scherbenfreaks werden das nicht sein, wenn sie sich für Ausgrabungen auch in den Irak trauen«, denkt er und geht »im Anzug, der Uniform des unsichtbaren Beamten«, hin. Erstaunt hört er eine junge Übersetzerin, die zwischen deutschen und kurdischen Archäologen brillant übersetzt. Ihre Eltern sind auch da und mächtig stolz. Michael gibt sein Inkognito auf, spricht erst den Vater, dann die Mutter, dann die Tochter an. Die sagt: »Moment, ich hole noch meine Zwillingsschwester dazu.« Zwei junge Frauen, die als Vierjährige aus dem Irak nach Deutschland kamen und fließend Kurmanci sprechen! Die vielleicht als Vorbild fungieren und das Vertrauen der Jesidinnen gewinnen können? Deren Mutter ebenfalls zur Mitarbeit bereit ist? Michael spürt direkt, welchen Schatz diese »archäologische Grabung« ans Licht bringt.

In einer katholischen Akademie lernt er Professor Jan Ilhan Kizilhan kennen. Einen Traumatherapeuten mit irakischen Wurzeln. Er studierte Psychologie, Soziologie und Irankunde an mehreren deutschen Universitäten, ist Professor für Gesundheitswesen und transkulturelle Psychotherapie. Seit seiner Arbeit mit Überlebenden des Genozids von Ruanda im April 1994 und seinen Forschungsarbeiten über die Möglichkeiten der Resozialisierung von Folteropfern ist er eine international anerkannte Koryphäe seines Fachs. Und er hat selbst jesidisch-kurdische Wurzeln! Professor Kizilhan wird das Projekt beraten und die Begutachtung von weit über eintausend IS-Opfern übernehmen.

In Hannover gewinnt Michael auch Mirza Dinnayi für die Mitarbeit. Ein jesidischer Jurist, der unter Diktator Saddam Hussein aus dem Irak geflohen war und kürzlich einen Hubschrauberabsturz überlebt hatte. Mit einem überfüllten Transport hatte er eingeschlossene Flüchtlinge evakuieren wollen. Noch auf Krücken sagt Mirza sofort zu: »Selbstverständlich bin ich dabei! Ich habe schon befürchtet, ich könnte nichts mehr tun.«

Weitere Kollegen und Kolleginnen findet Michael im Staatsministerium, in der Stadtverwaltung Stuttgart, im Saarland, sogar in einer Arbeitsagentur in Nordrhein-Westfalen. »Wenn du Menschen direkt fragst, ob sie bereit sind, ihr Leben für andere zu riskieren – dann sagen erstaunlich viele Ja.«

Schlussendlich ist es eine zwölfköpfige multireligiöse Expertentruppe aus Christen, Jesidinnen, Musliminnen und Nichtreligiösen, mit der er zu den Vertretern einer dritten wichtigen Institution im Nordirak reist: Außer mit der Zentralregierung in Bagdad und der Regionalverwaltung in Erbil muss und will er mit dem religiösen Oberhaupt der Jesiden reden, dem »Baba Sheikh« des Heiligtums von Lalisch.

Ob man die Jesiden als ethnisch eigenständige Minderheit unter den Kurden betrachtet oder als reine Religionsgemeinschaft zwischen altpersischem Mithraskult, aramäischem Urchristentum und arabischem Islam – immer umweht sie ein Hauch des Geheimnisvollen. Und das schon, seit Gott in Gestalt des blauen Pfauenvogels »Melek Tau« mit sieben Engeln die Welt erschuf, wie die Jesiden glauben. Oder seit ihr spiritueller Patriarch Sheik Adi vor rund 900 Jahren im Lalisch-Tal des Sindschargebirges begraben wurde.

Sind Jesiden »Synkretisten«, die sich aus den Mythen der umliegenden Völker eine eigene Theologie mixten? Oder sind es schlicht »Lichtanbeter«, weil der Ursprung allen Lebens, die Sonne, in ihren Ornamenten und Symbolen so oft vorkommt?

Der Grund für das anhaltende Rätselraten: Jesiden sind keine Buchreligion, es gibt keine theologisch oder ethisch verbindliche »Heilige Schrift«, wie die Bibel oder den Koran. Nicht mal ihre eigene Historie als Volksgruppe oder Glaubensgemeinde ist kontinuierlich dokumentiert. Es gab und gibt nur die mündliche Weitergabe der Lehren, der Ge- und Verbote, der Rituale und Bräuche ihres Glaubens. Wird aber eine »Ur-Geschichte« von der Erschaffung der Welt und des Menschen, wird die Offenbarung Gottes in Zeit und Raum hinein jahrtausendelang nur von Ohr zu Ohr weitergegeben, dann tritt jener Effekt ein, den wir »Stille Post« nennen: Niemand kann mit Sicherheit sagen, was ursprünglich mal kommuniziert wurde.

Wo Fakten fehlen, wuchern Gerüchte: Schon seit den Eroberungsfeldzügen der Araber im 7. Jahrhundert und der Zwangsislamisierung des persischen Reichs wurden Jesiden als »Teufelsanbeter« verleumdet und verfolgt. Was wiederum zur Folge hatte, dass sie ihre Gebräuche umso mehr geheim hielten, dichter zusammenrückten, sich abschotteten und nur mit denen kooperierten, die ebenfalls verfolgt wurden. Mit den chaldäischen, griechisch-orthodoxen und katholischen Christen z.B., mit den Diaspora-Juden im arabischen Reich und, zuletzt, mit den Armeniern während des türkisch-osmanischen Völkermords 1916.

»In unserer Geschichte hat man 72 Mal versucht, uns auszulöschen. Jetzt ist zum ersten Mal ein fernes Volk zu uns gekommen, um uns zu helfen. Vielleicht bedeutet das: Dies war die letzte Verfolgung?«, wird Baba Sheik später in einer feierlichen Rede zum Dank an das Team sagen. Um solche Hoffnungen möglich zu machen, sind sie hier.

»Wir hatten den Hohen Rat der Jesiden gebeten, uns nicht irgendwo zu empfangen«, erzählt Michael, »sondern in ihrem spirituellen Zentrum, in Lalisch! Wir mussten diese seit Jahrhunderten abgeschottete Religionsgemeinschaft überzeugen, einen großen Schritt des Vertrauens zu tun.«

Wieder so eine blumsche Mischung aus formaler Korrektheit und persönlicher Chuzpe.

»Sie hatten vorab alle Informationen, wer wir sind, was wir vorhaben und dass wir nichts ohne ihr Einverständnis tun wollen. Sie luden uns tatsächlich ein!

Dann kommst du da rein, es ist Januar, eiskalt, du musst die Schuhe ausziehen und stehst bibbernd vor den versammelten Hochwürden. Ein Saal voller Scheichs, die um die Würde ihrer Gemeinschaft ringen und zugleich verzweifelt sind. Alle schauen erst mal skeptisch abwartend ...«

Diese Geistlichen sind für die geflohenen Jesidinnen die höchsten Autoritäten auf Erden. Den Religionswissenschaftler Blume juckt es wie auf einer Expedition in unbekanntes Land. »Aus jesidischer Sicht hast du gerade eine Papst-Audienz, sagte ich mir immer wieder. Du brauchst ihren Segen. Also versemmel es jetzt nicht!«

»Das ist der Doktor Blume aus Deutschland«, stellt ihn der gewitzte Mirza Dinnayi vor, »er ist Sonderbeauftragter des deutschen Landes Baden-Württemberg, und er ist Christ. Er kennt nicht nur unsere Religion, er ist auch ein Gelehrter der Engel.«

Michael fällt die Kinnlade runter.

Tatsächlich hat er einmal ein Büchlein über den Engelglauben geschrieben, mit einem Kapitel über die Jesiden. Die Gesichter der Scheichs spiegeln freudiges Erstaunen.

Mirza hat intuitiv einen Schlüssel zu ihren Herzen gefunden.

»Er hat sie in einem Buch beschrieben. Außerdem heißt er mit Vornamen Michael. Wie einer unserer heiligen Engel.«

Das Eis ist gebrochen. Freundliches Geplauder erfüllt den Saal, die Delegation atmet auf.

»Wieso …?«, fragt Michael.

»Du bist hier im Orient«, Mirza lächelt, »hier sind Engel noch etwas wert.«

Der Hohe Rat neigt zur Zustimmung für die Evakuierung der Frauen und Kinder. Nun kommt es entscheidend darauf an, sie zu Mitwirkenden zu machen und dabei ihre Würde zu wahren. »Wir haben eine große Bitte«, eröffnet Michael den Schlussteil der Verhandlungen, »nämlich, dass Sie als oberste spirituelle Autoritäten Ihres Volkes den Frauen Ihren Segen geben. Hier im Heiligtum. Erst das wird ihnen Kraft geben, jedes Mal, wenn wir mit einer Gruppe ausreisen.« Baba Sheikh nickt, hat aber eine Rückfrage. »Und wenn sie eines Tages in ihre Heimat zurückkehren möchten?« – »Dann wäre es doch sicher Gottes Wille, dass Ihr sie in Eurer Gemeinschaft willkommen heißt.«

Michael pokert. Seine jesidischen Mitarbeiter merken das und halten die Luft an. Die jahrtausendelange Verfolgung und Unterdrückung der Jesiden hat zu einem absoluten Verbot von Ehen mit Nichtjesiden geführt. Man nimmt lieber Zwangsehen und Kinderehen in Kauf als Mischehen, denn: Wer Sex mit einem Nichtjesiden hatte, ist für Zeit und Ewigkeit aus der religiösen Gemeinschaft ausgeschlossen. Nur mit dieser rigorosen Abgrenzung konnte die geringe Zahl der Jesiden im Dreiländereck von Syrien, Irak und der Türkei überleben. Genau dieses Mischehen-Verbot verwenden die IS-Terroristen jetzt gegen sie. Den vielen um die ganze Welt zerstreuten Diaspora-Jesiden fällt es ohnehin immer schwerer, sich daran zu halten. Und die vom IS missbrauchten Frauen sind in dieser Hinsicht für ihre Glaubensgeschwister in ein Niemandsland geraten.

Michael schlägt dem Hohen Rat, den Gralshütern jesidischen Glaubens, nichts Geringeres vor als dies: Er soll ein Dogma ändern!

»Ob ich mich das beim Papst auch getraut hätte?«, sinniert er später.

»Lassen Sie uns an die Quelle gehen«, antwortet der Scheich, und jetzt hält Michael den Atem an. Aus seinem Studium weiß er, dass das Allerheiligste des Heiligtums von Lalisch eine Quelle tief im Inneren des Berges ist, die kein Nichtjeside je betreten durfte. »Ich darf da nicht rein«, stammelt er verwirrt, aber der Scheich und sein Hofstaat aus Wächtern ziehen ihn unbeirrt weiter. »Warum sollten wir einem Engel Michael das verweigern?«, fragt Baba Sheik zurück und lächelt. Niemand widerspricht. Mirza Dinnayi nickt: »Die Engel haben geholfen.«

Als das deutsche Team später mit der ersten Gruppe ausreisefähiger Frauen wieder nach Lalisch kommt, verkündet der oberste Geistliche aller Jesiden weltweit: »Ihr seid keineswegs entehrt. Die Einzigen, die ihre Ehre verloren haben, sind die Terroristen. Einstmals haben sich Familien geschämt oder gar ihre Kinder verstoßen, und wir, wir haben die Opfer aus der Gemeinde ausgeschlossen. Das – gilt – heute – nicht – mehr!«

Die Luft brennt. Niemand wagt es, sich auch nur zu räuspern.

»Ihr habt für euern Glauben gelitten, seid treu geblieben und habt widerstanden. Deshalb sind wir, der Hohe Rat von

Lalisch, stolz auf euch. Wir segnen euch und ihr segnet uns. Ihr gehört nach wie vor in unsere Gemeinschaft. Geht nach Deutschland, wahrt die Gesetze, lernt Deutsch. Aber ihr könnt auch jederzeit wiederkommen. Ihr seid und bleibt Gottes geliebte Jesidinnen. Seine Engel wachen über euch.«
Viele, auch Religionswissenschaftler Blume und Psychotherapeut Kizilhan, kämpfen mit den Tränen: Hier, an diesem Nachmittag, beginnt eine jugendliche Jesidin, die seit ihrer Gefangenschaft ihre Stimme verloren hatte, wieder zu sprechen.

KAPITEL 21

# So oft in dieselbe Hölle

»Ich wurde verheiratet«, nuschelt das höchstens 16-jährige Mädchen tonlos und schaut zu Boden. Trauma-Psychotherapeut Jan Ilhan Kizilhan aus Villingen-Schwenningen und seine deutschkurdische Übersetzerin wissen, was sie damit sagt, ohne es auszusprechen: Sie wurde von IS-Terroristen vergewaltigt. Wie alle Mädchen. Mehrmals. Manche mehrmals täglich. Pausen gab es, wenn sie sich erbrachen oder ohnmächtig wurden. Einige ihrer Mütter, Schwestern und Cousinen sind nach einer Gruppenvergewaltigung verblutet. Oder zu Tode geprügelt worden. Andere flüchteten sich in einen oft ersehnten Selbstmord. Indem sie von Dächern oder Brücken sprangen, Benzin tranken oder sich damit übergossen und anzündeten.

Viele Hunderte solcher Sklavinnen schafften es nicht bis hierher, in ein paar versteckte Büroräume in Dohuk, wo Michael Blume und seine Experten jetzt Aufnahmegespräche führen. Rund zwei Millionen geflohene Christen, Jesiden, Muslime, Männer, Frauen und Kinder aus dem Dreiländereck sind, abgemagert und erschöpft, in den UNHCR-Zeltlagern der Umgebung angekommen. Seit einem halben Jahr hausen sie hier und wissen, dass sie zu den Glücklicheren gehören: Denn Wasser, Essen, Antibiotika, Toiletten und Schlafplätze gibt es nur in den vom UNO-Flüchtlingshilfswerk betriebenen primitiven Siedlungen. Und sonst nur in wenigen der »wilden« Camps. Auch wer zu Verwandten in die vom IS befreiten Dörfer fliehen konnte, hat es in der kriegsbedingten Armut dort nicht unbedingt besser. Außerdem ist jeder Aufenthaltsort nur so lange sicher, wie die kurdischen, die sogenannten Peschmerga-Truppen den IS fernhalten.

Entsprechend der vorgeprüften Namenslisten laden die deutschen Beamten jetzt Frauen aus dem nahe gelegenen Lager Kabarto und einigen anderen Flüchtlingscamps nach Dohuk ein.

Äußerlich geht es still zu in den Camps. Schläfrig, könnte man meinen. Kein Kind singt oder lacht. Die Augen der Menschen sind stumpf. Doch das Schweigen vor allem der Frauen, ihr lethargisches Herumsitzen, hat einen Grund: In den Herzen und Köpfen brüllt die Hölle.

Schon zwei Wochen nach dem Massaker vom 3. August 2014 hatte die deutsch-jesidische Journalistin Düzen Tekkal aus Hannover in dieser Gegend für *stern-TV* den später preisgekrönten Dokumentarfilm »Hawar« gedreht – das kurdische Wort für »Völkermord« – und war eines Abends zusammengebrochen. Nur vom Zuhören.

Jetzt, im Februar 2015, weiß Michael, warum.

Bei den Überfällen auf christliche und jesidische Dörfer hatten die Mörder erst alle erwachsenen Männer und dann die Frauen über 50 erschossen.

»Jesidinnen gelten als besonders hübsch, weil sie manchmal rötliche Haare und grüne oder blaue Augen haben und eine etwas hellere Haut«, hört Michael von den Einheimischen. Die jungen Frauen wurden mit Pick-up-Kleinlastern und Reisebussen in die Armeelager des IS verschleppt. Oder nach Mossul, um sie dort auf dem Marktplatz öffentlich feilzubieten, geknebelt und gefesselt. Für die Rekrutierung ihrer Kinder als Soldaten gab es ein einfaches Prinzip: Alle Jungen ab 13 sollten die Arme heben. Wer schon Achselhaare hat, ist zu alt, um noch von der IS-Ideologie indoktriniert zu werden. Sie wurden erschossen. Während die Mütter danebenstanden. Wer noch keine Haare hat, ist kindlich bildbar – und kam in die Kaserne, um zwangskonvertiert zu werden. »Einige Frauen fanden Monate später heraus, wo ihre Söhne waren, und telefonierten mit ihnen. Die hatten neue Namen und beschimpften ihre Mütter als Ungläubige, Teufelsanbeterinnen und Huren.«

Traumapsychologe Jan Kizilhan versteht und spricht Kurmanci, eine kurdische Sprache. Viele der Frauen haben heftige Verlustschmerzen.

Andere Eltern wollen ihre jungerwachsene Tochter gar nicht zurückhaben. Weil sie sie nicht mehr versorgen können, weil sie nicht mehr Jungfrau ist, nicht mehr verheiratet werden kann und Schande über den Clan bringen würde. Und trotzdem bleibt der Schmerz.

Ist eine Frau nervlich in der Lage und erklärt von sich aus, warum sie Bisswunden im Nacken und am Hinterkopf hat, woher die kreisrunden Narben an ihrem Hals kommen – von den Zigaretten, die darauf ausgedrückt wurden – oder warum ihre kleine Tochter beginnt, sich auszuziehen, sobald ein Mann ihr die Hand reicht – dann verordnet Michael Blume seinen Leuten eine Pause. Nach draußen gehen, den Blutdruck runterkriegen, durchatmen. Jetzt bloß nicht schlappmachen. Das jüngste Vergewaltigungsopfer, mit dem sie sprechen, ist eine Achtjährige. 20 Gespräche pro Tag, jedes eine halbe Stunde – wie viele solcher Berichte kann man anhören?

»Das erste Mal richtig schwindlig wird mir, als ich einen Raum betrete, da steht ein vielleicht 13-jähriges Mädchen mit dem Rücken zu mir und schaut aus dem Fenster. Sie hat dieselbe Haarfarbe und dieselbe Pferdeschwanz-Frisur, sie bewegt sich genauso und sieht aus – wie unsere Melissa zu Hause! Das könnte *deine* Tochter sein! Bei dem Gedanken musste auch ich ein paar Minuten raus. Ich war vollkommen fertig. Jeder von uns kam mal an seine Grenze.«

Die Kriterien, nach denen entschieden werden soll, wer für eine mögliche Evakuierung infrage kommt, sind klar: Ist die Person Opfer sexueller Gewalt geworden? Lassen Art und Grad ihrer Traumatisierung, ihre physische und psychische Konstitution, eine Reise und eine Übersiedlung nach Deutschland überhaupt zu? Gibt es in der näheren oder weiteren Region noch intakte Familienstrukturen, die diese Frau aufnehmen und versorgen könnten?

Jedes Gespräch wird protokolliert, dokumentiert und von einem Gutachten kommentiert.

Michael duldet dabei nicht die kleinste Mitwirkung oder Einflussnahme von lokalen Mitarbeitern. Er muss Korruption ausschließen und er muss verhindern, dass die Einheimischen erpresst werden könnten, weil sie Zugang zu deutschen Regierungsbeamten haben. Schon das bloße Gerücht könnte sie in Gefahr bringen.

Sein Team, zwölf Personen, arbeitet in zwei langen Schichten. Nur die zwei Übersetzerinnen müssen sich alle zwei Stunden abwechseln. Allein Jan Ilhan Kizilhan arbeitet bis zu 16 Stunden pro Tag. Seine persönliche Erfahrung nach dem Genozid in Ruanda 1994 und seine wissenschaftlichen Arbeiten über Kriegstrauma-Therapien, seine sprachliche Vertrautheit mit den Leuten und guten Kenntnisse ihrer Mentalitäten geben den anderen Mitarbeitern im Team wichtige Orientierung. Welche Frau kann ausreisen? Und welche nicht?

Am Ende wird, wenn die Entscheidung positiv ausfällt, ganz offiziell ein irakischer Reisepass ausgestellt mit einem Visum für Deutschland drin.

»Wir haben die Entscheidungen immer zu dritt getroffen: der Psychologe, eine Kollegin von der Visa-Stelle und ich als Teamchef. Du hast jede einzelne Frau gesehen und gehört. Du hast die Gutachten gelesen. Du weißt, es gibt nur begrenzte Plätze. Und jetzt liegen jeden Abend 20, 25 Mappen da. Jede enthält ein schreckliches Schicksal. Aber jedes *Ja*, das du aussprichst, bedeutet ein *Nein* zu jemand anderem. Die eine Mutter hat alle drei Kinder verloren. Die andere nur eins, aber die musste bei der Ermordung zuschauen. Wie willst du so was gegeneinander abwägen? Wir sollen Fakten prüfen, wollen aber keine Voyeure des Sadismus sein. Wir brauchen eine belastbare Anamnese, aber keinen Wettbewerb der Horrorszenen.

Egal, wie du entscheidest – du lädst immer wieder auch Schuld auf dich. Wenn ich darüber nachdachte, wurden es schlaflose Nächte. Nächte, in denen ich nur beten konnte: ›Und vergib uns unsere Schuld.‹ Es gab keine völlig richtigen Entscheidungen mehr.«

Wie soll man all das Seelengift neutralisieren, das täglich über die Ohren ins Hirn und Herz hineinströmt? Michael wird das erst in den Wochen zu Hause lernen. In einer Welt aus kehrwochensauberen Reihenhäuschen und gemähten Vorgärten, die ihm plötzlich weltentrückt scheint, fast unwirklich in ihrer behüteten Beschaulichkeit. Das wird keine leichte Entgiftungskur, ahnt er schon. Hier und jetzt aber, im braunen Staub und grauen Geröll der zerbombten Dörfer, springt jeden Morgen beim ersten Ruf des Muezzins die Adrenalinzufuhr an, wenn Michael das improvisierte Büro betritt.

Trotz der größtmöglichen Geheimhaltung, mit der das Team seine Anreise und Anwesenheit umgibt, spricht es sich rasend schnell herum: Da sitzen ein paar Deutsche, die holen dich raus. »So archaisch sie sonst gelebt haben mögen – Smartphones bedienen konnten sie alle«, grinst Michael, kurz erleichtert. Wird aber sofort wieder sehr ernst: »Welches Kind ist ihr eigenes, welche Kinder hat sie als Waisen adoptiert und welche fremden Kinder wurden ihr gegen Geld als Mitreisende untergeschoben? Ist sie eine bessere Mutter als die, die von vornherein sagt: ›Ich will hierbleiben, aber bitte nehmt meinen Sohn mit‹?

Mütter und Kinder zu trennen, das haben wir nie gemacht, niemals! Das blieb später Donald Trump vorbehalten, an der mexikanischen Grenze.

Bei uns bzw. vorher im Flüchtlingslager gab es Versuche, die Berichte anderer Frauen zu widerlegen oder zu verharmlosen. ›War die wirklich beim IS?‹ und so weiter. Im Chaos einer Katastrophe lassen sich ja auch alte Rechnungen begleichen. Da musst du dann bei den Dorfbürgermeistern nachfragen, wann was genau geschehen ist. Noch übler waren Männer, die ihre Frau verstoßen hatten, weil sie vergewaltigt worden war. Kaum hatten diese Verstoßenen ein Visum, tauchten diese Typen plötzlich als treu sorgende Ehemänner bei uns auf und wollten mitkommen.«

Noch jahrelang werden nationalkonservative Polemiker in Deutschlands Länderparlamenten und ultrarechte, innerkirchliche Blätter die humanitären Helfer als »naive Gutmenschen« verhöhnen.

Nur wer vor Ort war, wer dies alles erlebt hat, kann überhaupt einschätzen, wie es tatsächlich ist.

»Es ist wie bei einer Panik auf einem sinkenden Schiff, wenn's in die Rettungsboote geht«, beobachtet Michael im Irak, »da wird geschubst und getreten und getrickst. Ich habe in den Flüchtlingslagern das Alleredelste erlebt: Großherzigkeit, Barmherzigkeit, Nächstenliebe. Und das Allerniederträchtigste: Lügen, Verleumdungen, üble Nachrede.«

Wer im nordirakischen Erbil landet und Richtung Dohuk will, darf sich nicht verfahren: Rund um das benachbarte Mossul herrschen die IS-Terroristen. Einmal falsch abbiegen wäre der sichere Tod. Es gibt eine kartografisch feststellbare Frontlinie, ja, aber die moderne »asymmetrische Kriegführung« des IS besteht ja gerade daraus, bewaffnete Kämpfer in Zivil weit im Gebiet des Feindes zu platzieren. Konkret: Jeder Barkeeper im Hotel, jeder Tankwart am Straßenrand, jeder Obstverkäufer auf dem Markt kann ein per Smartphone gesteuerter IS-Killer sein oder ein Spitzel, der Standort-Koordinaten durchgibt. Michael Blume und seine Helfer wurden geschult, möglichst unsichtbar zu bleiben, und müssen das jetzt diszipliniert jeden Tag neu üben. Einige Tricks verrät er im Nachhinein: »Mit Stammesältesten essen, um als geschützte Gäste betrachtet zu werden. Nicht in Luxushotels übernachten, auch wenn sie erschwinglich sind. Es gibt nur wenige Gäste, wir fallen sofort auf. Stattdessen in Mittelklasse-Hotels oder Billig-Herbergen ohne Reservierung einchecken. Bloß nicht vorher sagen, wer für wie lange kommen wird. Auf gut Glück hinfahren, reingehen und nach zwei Nächten das Hotel wechseln. Keine festen Internetadressen einrichten, sonst könnte man Bewegungsprofile ablesen. Die komplette IT-Hardware nach Ende eines

Einsatzes zerstören. Nachschubmaterial nicht vorbestellen, sondern wie zufällig auf dem Markt neu kaufen. Möglichst jeden Tag mit anderen Autos fahren. Die Mitfahrenden immer anders auf die Fahrzeuge verteilen. Und falls doch mal dasselbe Team mit demselben Wagen unterwegs sein muss – Nummernschilder austauschen!«

Ach, da kommt ja auch schon Daniel Craig um die Ecke und spielt ein paar Szenen James Bond!? Nein, es ist ein braver schwäbischer Beamter aus Filderstadt, der das erzählt. Bisher war er bestenfalls in Antalya in der Hotelanlage, ganz sicher und all-inclusive.

»Wir wurden natürlich von kurdischen Bewaffneten begleitet, aber auch die waren in Zivil und trugen keine Peschmerga-Uniformen. Wir mussten selbst entscheiden, ob wir schusssichere Westen anziehen. Aber damit wären wir natürlich aufgefallen. Also haben wir es gelassen. Wir wussten, dass der IS weiß: Großbritannien und die USA zahlen kein Lösegeld, wenn einer ihrer Staatsbürger entführt wird. Was schon einige Journalisten das Leben gekostet hatte. Von den Deutschen hieß es: Die zahlen! In den Augen der Terroristen waren wir deshalb wandelnde Geldbündel. Ehrlich gesagt fürchtete ich weniger einen Bombenangriff als vielmehr eine Entführung. Um mich hatte ich Sorgen, aber um meine Kolleginnen hatte ich Angst. Wenn sie eine von uns entführt hätten …«

Zu den Sorgen und Ängsten kommt für Michael der Druck, seine Auftraggeber nicht zu enttäuschen: Staatssekretär Klaus-Peter Murawski und Ministerpräsident Winfried Kretschmann. »Übernehmen Sie die volle Verantwortung?«, hatte Michael gefragt. »Wenn Sie es machen, ja!«, war die Antwort gewesen. Mit großem Vertrauen ausgestattet zu sein kann auch belasten. Das spürt er in Dohuk jeden Tag und jede Nacht.

»Auf einem der Einsätze saßen wir plötzlich fest. Im Norden bombardierte die türkische Luftwaffe gerade die PKK, im Süden war der IS auf dem Vormarsch. Man hatte uns gewarnt, es gäbe Gerüchte: wir würden gesucht. Zusätzlich kam eine Geheimdienstwarnung und obendrein ein Befehl aus Stuttgart: Alles abbrechen, schnellstens abhauen! Aber wohin?

Mit einer panikartigen Flucht hätte ich nicht nur viele der Frauen und Kinder zurückgelassen, für die unsere Rettungsaktion die einzige Chance war, sondern auch mein Team in Gefahr gebracht. Ich rief Klaus-Peter Murawski an und sagte: ›Vertrauen Sie mir. Wenn wir jetzt gehen, haben wir die Wahl zwischen Bomben von oben oder Kugeln von vorn. Wir igeln uns ein, wir machen uns unsichtbar. Und übermorgen sieht die Lage strategisch schon wieder ganz anders aus.‹«

Auf einer seiner letzten Missionen – zu Hause, in der unwirklich »heilen« Welt des Friedens, dekoriert man bereits wieder Weihnachtsbäume – bittet ihn ein Peschmerga-Kommandant, er möge doch einige kürzlich befreite, vom IS zurückeroberte Dörfer besichtigen. »Schon aus Dankbarkeit und Respekt für all den Feuerschutz, den er uns gegeben hatte, konnte ich diese Einladung nicht ablehnen«, sagt Michael, »und dann kletterten Mirza Dinnayi, ein deutscher Staatsanwalt und ich durch die Tunnel und unterirdischen Befehlsstände des IS. In den Gassen des Dorfes sahen wir, dass sie an den Hauswänden markiert hatten, ob hier Schiiten, Jesiden oder Christen leben. Zum Schluss standen wir in den Trümmern einer zerstörten Kirche unter einem schlichten Holzkreuz. Eineinhalb Jahrtausende urchristliche Tradition waren hier abgerissen, sind barbarisch beendet worden für Aramäer, Orthodoxe, Katholiken.

Es kam aber noch schlimmer: Wir fuhren unter Begleitschutz nach Kocho, wo die IS-Milizen nach dem Abtransport der jungen Frauen alle älteren Frauen, Teenagerjungen und Kleinkinder in einen Fischteich getrieben, niedergemäht und dann mit Sand zugeschüttet hatten. Jetzt, gut 15 Monate nach dem Massaker, standen wir davor und sahen Kleidungsstücke, Knochen und Schädel aus der sumpfigen Bracke ragen, während noch immer Schüsse über die Ebenen jagten! Es war entsetzlich, wie die Pforten der Hölle.«

Zehra, seine Frau, wird ihm erst nach seiner Rückkehr von ihrer Angst erzählen, mit der sie jeden Morgen die Nachrichten nach »Irak« absucht. Von den Fragen der Kinder. Von den Tränen, nachdem der Jüngste im Kindergarten einer Erzieherin unvermittelt erzählt hat: »Mein Papa ist gerade wieder in den Irak gefahren und kommt vielleicht nicht zurück.« Sie musste es den Betreuerinnen erklären und gleichzeitig die Geheimhaltung wahren, damit nichts ins Internet gelangt, was alle in Gefahr gebracht hätte.

»Siehst du, Papa, es funktioniert! Du kommst immer heil wieder zu uns zurück«, strahlt Melissa, als ihr Vater zur Tür hereinkommt. Vor jeder Abfahrt in den Irak schenkt ihm die Elfjährige ein Kärtchen, auf dem steht »Möge Gott Dich segnen und mögen seine Engel Dich beschützen«. Michael trägt es immer bei sich. Nicht nur den Kindern gibt es Sicherheit.

Aber familiäre Wiedersehensfreude ist natürlich nicht alles, was dem Projektleiter einer solchen bisher beispiellosen Aktion seelisch und nervlich wieder auf die Beine hilft. 13 Einsätze, jeder zwischen acht und 15 Tagen lang, das sind mehr als 125 Tage Irak – in einem einzigen Jahr.

Mal sind es 54, mal 157 Frauen und Kinder, die Michael Blume aus den Flüchtlingslagern nach Erbil und von dort nach Stuttgart begleitet. Am Ende werden es rund 500 Frauen und 600 Kinder sein.

»Anfangs sind wir noch mit Linienflügen unterwegs. Jesidinnen, die noch nie in ihrem Leben gereist sind, die ständig gegen Panikattacken ankämpfen müssen, sitzen am Flughafen Istanbul mit uns am Gate. Und plötzlich kommt eine Gruppe groß gewachsener bärtiger Männer in Dschallabahs, in den weißen Gewändern der Mekkapilger, vorbei! Die Frauen sind völlig ausgerastet vor Angst, die haben geschrien, geschwitzt, gezittert, sich aneinandergeklammert – wir haben Beruhigungstabletten verteilt, um sie in den Stuttgart-Flieger zu bekommen«, erinnert er sich. »Ab dann haben wir Direktflüge gechartert, Schluss, aus. Und in Stuttgart ein separates Ankunft-Gate organisiert. Wo bitte nur weibliche Uniformierte, Beamtinnen des Bundesgrenzschutzes, die Pässe kontrollieren. Außerdem wollten wir sie vor Paparazzi schützen. Man muss dem IS und seinen Helfershelfern in Deutschland ja nicht noch per *Bild*-Zeitung mitteilen, was wir machen.« Wie soll er auch ahnen, dass eine dieser Jesidinnen, die er gerade vor Blitzlichtgewitter und Presserummel schützt, schon bald von sich aus an die Öffentlichkeit gehen wird. Und das auf der ganz großen Bühne.

Für die Mitarbeitenden der Murawski/Blume-Truppe gibt es in den Wochen dazwischen »De-Briefing«. Freiwillig und anonymisiert kann jede und jeder, der bei den Aufnahmegesprächen dabei war, einer Polizeipsychologin oder einem Psychologen erzählen, was gehört, gesagt, empfunden und gedacht wurde. Das Ziel: innere Dateien löschen, loslassen lernen, die Balance wiederfinden, von alldem frei und wieder innerlich ganz stabil werden. Angeboten werden vertrauliche Einzelsitzungen, aber auch Gruppengespräche. Nicht nur das Entsetzen und die Trauer, auch Empörung und Wut wollen verarbeitet sein und müssen, falls möglich, seelisch verdaut werden. Diese professionelle Supervision behandelt nicht allein die Eindrücke und Erlebnisse, die man mit den traumatisierten Frauen hatte, sondern auch die unvermeidlichen Ärgerlichkeiten und Reibereien innerhalb des Teams. »Und von vornherein war klar: Jeder und jede darf sich für den nächsten Einsatz abmelden. Sich entschuldigen müssen ist kein Makel, die Sache für sich beenden wollen ist keine Niederlage«, beteuert der Teamchef.

Aber wie geht es ihm selbst damit? Braucht auch er das fachlich geleitete »Runterfahren«?

»Ja natürlich. Ich bin oftmals fix und fertig nach Hause gekommen, erholungsbedürftig bis zur Oberkante. Aber als ich die Polizeipsychologin fragte, warum es mich offenbar seelisch weniger schlaucht als andere, sagte sie: ›Sie schreiben. Manuskripte für Vorträge, Blogs im Internet, wissenschaftliche Aufsätze und Bücher. Dieser Wissenschaftsmodus bringt sie in eine analytische Beobachterposition, die ganz gut abgegrenzt ist gegenüber dem emotionalen Stress. Sie schreiben sich alles von der Seele, aber eben nicht als tränenrühriges Tagebuch, sondern bereits gefiltert und durchdacht als Sach- und Fachbuch. Schreiben Sie einfach weiter.‹«

Was Michael nicht mal der »De-Briefing«-Supervisorin anvertraut: In ganz dunklen Stunden fragt er sich, ob auch er – ideologisch entsprechend gefüttert, gehirnprogrammiert und emotional dressiert – zu solchen monströsen Gräueltaten fähig wäre wie ein IS-Terrorist. »Steckt so was auch in mir?, habe ich mich gefragt und fand das schaurig.«

Es ist dieselbe Frage, die sein Tauf-Pfarrer und zeitweiliger Jugendseelsorger Gerrit-Willem Oberman hatte, als er, der Enkel von Holocaustüberlebenden, in sich selbst »das Böse schlechthin« entdeckte.

»Die Antwort ist: wahrscheinlich ja«, nickt Michael und fährt mit dem Finger am Bücherregal entlang auf der Suche nach Philosoph Karl Jaspers und seinen Texten über das Chaos. »Und die Antwort des christlichen Glaubens ist: Genau dafür gibt es Gottes Gnade. Sicherheit gibt es nicht, aber Hoffnung auf die Macht der Liebe. Und Dankbarkeit. Danken heißt auf Griechisch ›eucharistein‹. Umgehauen hat mich das in einer katholischen Kirche in Dohuk. Die verfolgten und geschundenen Christen dort – alle haben tote oder vermisste Angehörige –, die feierten das heilige Abendmahl, ihre ›Eucharistie‹. Es lief alles auf Kurdisch, klar, aber die Liturgie, der Ablauf, die Gesten und Symbole waren ja genau dieselben wie in Plattenhardt und Sielmingen! Ich wurde überwältigt von einem Gefühl ganz tiefer Verbundenheit, einer Gewissheit unerschöpflicher Vergebung und, komisch, einer Art Heimatgefühl. In diesen Momenten, in dieser Kirche war ich zu Hause.«

KAPITEL 22

# Späte Ehrungen

Ist Michael Blume auch verantwortlich dafür, wie schnell und wie gut sich die 500 Frauen und 600 Kinder in Deutschland integrieren? Sie haben eine zweijährige Aufenthaltserlaubnis mit der Option auf Verlängerung. Untergebracht sind sie an 21 Orten Baden-Württembergs – allein die Stadt Freiburg nimmt 200 auf. Ihre Adressen werden geheim gehalten, ähnlich wie bei schutzbedürftigen Opfern häuslicher Gewalt, die in Frauenhäusern leben.

Sozialarbeiterinnen, Psychologinnen, katholische Nonnen und evangelische Diakonissen beherbergen, betreuen und behandeln sie. Aber Traumatherapeut Jan Ilhan Kizilhan hatte es schon in Dohuk vorausgesagt: »Psychische Störungen werden sich körperlich äußern, sobald die akute Todesangst und der Stress aufgehört haben.«

Damit zu rechnen ist das eine. Es zu erleben das andere. Ganz praktisch nervt und fordert die Helfer und Helferinnen vieles: Frauen klagen über Schmerzen, die sie sofort behandelt haben möchten, je aufwendiger, desto besser. Manchmal sind es auch nur Wehwehchen. Statt Dankbarkeit schlägt den Betreuerinnen bisweilen Misstrauen entgegen. Schwäbische Ehrenamtliche staunen irritiert: Hausfrauenfleiß, emsige Sauberkeit in Küche und Kleiderschrank? Gibt's manchmal, ist aber oft Fehlanzeige. Erzieherische Kompetenz, Lust am Spiel mit den Kleinen? Pustekuchen. Überwältigt von schlimmen Bildern aus der Heimat auf ihren Smartphones, erscheinen manche Mütter antriebslos, gleichgültig, depressiv.

Die Flüchtlingshelfer haben Verständnis dafür, empfinden Mitleid, zeigen Solidarität und Interesse, manche sind von flammender Hilfsbereitschaft beseelt. Untereinander aber gestehen sie sich ein: »Zupackende« Frauen, wie wir sie uns vorstellen, sind die meisten Jesidinnen erst mal nicht.

Nach wie vor gehen viele nur ungern aus dem Haus und müssen sich erst überwinden, fremde Menschen anzusprechen oder von ihnen Hilfe anzunehmen. Die ganze Offenheit der deutschen Öffentlichkeit, der Umgang miteinander, die freizügige Kleidung, das Gewusel aus Reden, Lachen, Händeschütteln; das viele Umarmen, die wahllos verteilten Wangenbussis – es ist für die Frauen verwirrend und beängstigend. Selbst die Tolerantesten unter ihnen finden es schlicht anstrengend. »Rausgehen ist anstrengend«, sagen sie dann und ziehen die Sofadecke über die angezogenen Knie.

Aufgewachsen in einer gänzlich nach innen gekehrten, dörflich-häuslichen Versorgungsgemeinschaft, halten sie viele Tätigkeiten für typisch »männliche« Aufgaben: Reparaturen im Haushalt, Finanzen und Vorratshaltung, Fahrräder und Spielsachen, Behördengänge und Besorgungen. Doch ihre Männer und Väter gibt es nicht mehr. Und den Männern, denen sie hier begegnen, vertrauen sie nicht. Was wundert es. Dank Smartphone leben die meisten in Gedanken und Gefühlen nach wie vor im Sindschargebirge, unablässig im Dauerkontakt mit der weitverzweigten Verwandtschaft. Auch das ist verständlich, nur: »Ankommen in Deutschland« hatten sich die Betreuerinnen dann doch anders vorgestellt. Kraft und Mut geben ihnen die Kinder, die praktisch vom ersten Tag an in die Schulen wollen. »Frühstück und Schule! Das war Wunsch Nr. 1«, erinnert sich Michael. Ein Schulleiter berichtet lachend, wovon deutsche Lehrer nur träumen können: »Jeden Morgen, noch bevor ich das Schultor aufschließe, warten da schon sehnsüchtig die jesidischen Kinder.«

Aber dann, eines Tages, ist die erste Jesidin verschwunden. Einfach weg. Auf eigene Faust zurück in den Nordirak. Weil ein neues Massengrab entdeckt wurde, weil sie ihren Mann dort vermutet und weil sie ihn würdig beerdigen will.

Und doch bleiben fast alle. Langsam geht es voran, aber es geht. Vor allem die jüngeren Frauen werden stärker, selbstbewusster und erleben, wie ihre Kinder aufblühen. War Michael im Irak immer wieder mit Suiziden verzweifelter Frauen und Kinder konfrontiert, bleibt hier die Zahl der Selbsttötungen gleich null.

Eine 22-Jährige hat großen Anteil daran. Nicht nur bei ihrer eigenen jesidischen Volksgruppe. Sie trägt auf beiden Handrücken, an der rechten Schläfe und am Kinn einen kleinen violetten Punkt. Vier unauffällige Tattoos in Erinnerung an ihre unbeschwerte Kindheit in Kocho. Dort, wo sie das große Morden überlebte. Ihre Mutter und sechs Brüder überlebten es nicht. 20 Neffen und Nichten wurden zu Waisenkindern, 18 weitere Angehörige sind unauffindbar verschollen. Sie aber wurde entführt. Als Sklavin des IS. Drei Monate lang vergewaltigten und malträtierten ihre verschiedenen »Besitzer« sie, bis sie mithilfe einer jungen muslimisch-kurdischen Familie in Mossul fliehen konnte. Noch im Flüchtlingslager hatte sie Düzen Tekkal ein Interview gegeben, einer deutsch-jesidischen Fernsehjournalistin aus Hannover, und dabei vom baden-württembergischen Sonderkontingent für traumatisierte Frauen gehört.

Im März 2015 begegnet sie Michael Blume zum ersten Mal und – bewirbt sich erfolgreich für einen Neuanfang in Deutschland. Sie hat nur eine Frage: Ob sie schweigen muss? Michael verneint: In Deutschland gelten Meinungs- und Pressefreiheit, auch für Flüchtlinge. Der Name der jungen Frau: Nadia Murad.

Schon bald nach ihrer Ankunft muss sie in einer geheimen Wohnung versteckt werden, denn: Nadia Murad spricht Englisch, etwas Deutsch und interessiert sich für internationales Strafrecht. »Ich will keine Rache, ich will Gerechtigkeit. Der IS soll militärisch besiegt werden, und dann müssen alle, die dazugehörten, vor den Internationalen Strafgerichtshof in Den Haag.«

Das sagt sie nicht mal eben so zwischen Backofen und Spüle, sondern den Jesiden-Repräsentanten in Deutschland und den USA. Die stellen Kontakt zum Minderheiten-Forum der UNO in Genf her und – schon im November 2015 soll Nadia dort eine Rede halten!

Bisher musste nach internationalem Strafrecht jedem einzelnen mutmaßlichen Kriegsverbrecher jede einzelne Tat oder Mittäterschaft nachgewiesen werden. Dem Hutu-Milizionär Ignace Murwanashyaka, der im April 1994 per Handy von seiner Mannheimer Wohnung aus die Macheten-Meute in die Tutsi-Dörfer dirigierte; den Serbenführern Mladic und Karadzic, die das Massaker von Srebrenica 1995 verübten; dem liberianischen Warlord Charles Taylor, dessen Spezialität im Diamantenkrieg von Sierra Leone die Amputationen an Kindern waren. Auch den Vieltausenden deutschen SS-Männern und KZ-Schergen hätte in den Nürnberger Prozessen 1945 eine direkte Tatbeteiligung nachgewiesen werden müssen, aber ihre Ausreden waren immer die gleichen: »Ich saß ja nur im Büro. Gehängt und vergast wurde draußen.«

Das, so Nadia Murad, müsste sich ändern, wenn eines Tages die Chefideologen des »Islamischen Staats« und ihre internationale Jüngerschar vor Gericht kämen.

Sie will erreichen, dass eine militärische Sicherheitszone für religiöse Minderheiten im Nordirak eingerichtet wird, sie will internationale Haftbefehle gegen alle Mitglieder des IS, sie will eine größere Bereitschaft anderer westlicher Länder einfordern, die im Irak versklavten Frauen als Flüchtlinge aufzunehmen. »Erzähle ihnen einfach nur deine eigene Geschichte, Nadia«, rät ihre Freundin Nisreen am Abend vorher. Sie beherzigt es und löst bei den Zuhörern tiefe Betroffenheit aus.

Dann lernt sie Murad Ismael und Haider Elias kennen, Mitbegründer der internationalen jesidischen Aktivistengruppe »Yazda« und ehemalige Freunde ihres ermordeten Bruders Jalo. Die beiden fädeln es mithilfe Genfer UNO-Mitarbeiter ein, dass sie wenig später vor keinem geringeren Auditorium als dem UN-Sicherheitsrat in New York auftritt.

Emotionale Sicherheit soll ihr dabei der Therapeut Jan Ilhan Kizilhan aus Villingen geben, der um die Gefahr plötzlicher »Flashbacks« weiß, wenn Einzelheiten von Folter und Vergewaltigung erzählt werden. Deshalb begleitet er sie in die USA.

Das aufregende Drum und Dran einer Reise in den Big Apple, die fremdartig-bizarre Betriebsamkeit Manhattans, das pausenlose Händeschütteln wildfremder Leute nimmt die junge Jesidin aus dem Dorf Kocho mit stoischer – manche sagen melancholischer – Gelassenheit: »Ich denke, es wird einen Grund gehabt haben, dass Gott mir zur Flucht verhalf, und auch, dass ich die Aktivisten von ›Yazda‹ kennenlernte. Ich betrachte meine Freiheit keineswegs als selbstverständlich«, schreibt Nadia Murad später, »die Terroristen glaubten nicht, dass jesidische Mädchen den Mut aufbringen würden, der Welt in allen Einzelheiten zu schildern, was sie uns angetan haben. Wir trotzen ihnen! Jedes Mal, wenn ich meine Geschichte erzähle, habe ich das Gefühl, den Terroristen ein Stückchen ihrer Macht zu entreißen.«

Ist es dieses Gefühl, das ihr die Kraft verleiht, eine Rede vor einem derart großen und hochkarätigen Publikum zu halten?

Michael Blume kriegt von alledem nur am Rande mit. Im Dezember 2015 sitzt und schwitzt er noch immer in Dohuk, »an den Pforten der Hölle«.

Als er den Namen Amal Razi Alamuddin in der Zeitung liest, sagt ihm das wenig: Eine Libanesin, die an der New York School of Law ihren Master in Jura gemacht hat, im Büro des Chefanklägers beim Internationalen Gerichtshof in Den Haag arbeitete und jetzt in London eine Kanzlei führt, spezialisiert auf Menschenrechte, Auslieferungs- und Strafrecht. Ach so, Frau Alamuddin hat im September 2014 den Schauspieler George Clooney geheiratet und nach ihrer Hochzeitsreise nach Venedig die entsprechenden Hochglanzbilder für *Bunte* und *Gala* geliefert. Bitte schön, warum nicht. Boulevardblätter liest Michael nie und seine Frau Zehra höchstens beim Friseur.

Diese Amal Clooney spricht Nadia Murad in New York an und lädt sie zu sich nach London ein. Sie will die Terroristen des »Islamischen Staats« in Den Haag vor Gericht bringen. Dafür braucht sie Zeuginnen des Völkermords, die sich trauen, belastbare Fakten zu liefern, und die in der Lage sind, öffentlich zu reden. Und so entsteht eine wunderbare Real-Satire, eine menschenfreundliche Ironie der Geschichte: In einer Zehn-Millionen-Dollar-Villa bei London sitzt ein irakisches Mädchen vom Lande bei Tee und Gebäck und hat keinen blassen Schimmer, wer George Clooney ist.

»Amal und George empfingen mich zu Hause und öffneten ihre Herzen für mich. Sie hörten mitleidenschaftlich zu. Sie umarmten meinen Schmerz. Und Amal beschenkte mich mit der Zusage, ihren Namen und ihre Fachkenntnis für unser Anliegen einzusetzen. Sie redete mit mir nicht aus der Position einer weltbekannten Anwältin heraus, mit der sich jeder gerne fotografieren lässt, sondern sie sprach mit mir wie eine Schwester. Sie hat die Fähigkeit, mich stolz darauf zu machen, dass ich eine Frau bin.«

Stolz darauf, eine Frau zu sein?!

Man muss sich den Abstand vergegenwärtigen, der zwischen diesem Satz und dem Beginn ihrer Geschichte, dem Leiden unter dem barbarischen Patriarchat ihrer Peiniger, liegt. Nadia Murad überwindet diese Distanz in weniger als einem halben Jahr. Ein psychischer Marathon.

Michael Blume hat das Projekt »Sonderkontingent« mit der 14. Reise in den Irak erfolgreich abgeschlossen. Niemand wurde verletzt, entführt oder gar getötet. Alle blieben gesund, auch nervlich, auch langfristig. Erst als die letzte Aufgenommene und die letzte Kollegin Stuttgarter Boden erreicht hat, macht er schlapp. Er schläft vier Tage fast völlig durch, weint immer wieder und träumt heftig. Danach beginnt er wieder zu schreiben, zu leben und zu arbeiten.

»Abgeschlossen« ist die Sache damit natürlich nicht, im Gegenteil: Im Frühsommer 2016 merkt Michael, welches Rad er da in Schwung brachte:

Nadia Murad spricht am 3. August 2016, dem zweiten Jahrestag des Massakers, auf dem Berliner Alexanderplatz bei einem Trauermarsch gegen das Vergessen. »Die Menschenmenge richtete sich nach ihr aus wie nach einem Magneten«, schreibt die *Süddeutsche Zeitung*, »und wenn sie Jesiden besucht in griechischen Flüchtlingslagern, wird sie empfangen wie einst Mutter Teresa.«

Das *Time Magazine* zählt Nadia Murad zu den »100 einflussreichsten Menschen der Welt«, das Europaparlament in Brüssel verleiht ihr den Vaclav-Havel-Preis für Menschenrechte und den Sacharow-Preis. Im Dezember 2018 wird sie mit dem Friedensnobelpreis ausgezeichnet.

Nadia hat sich inzwischen auf einem Langstreckenflug einen Film mit George Clooney angesehen und versteht, dass Prominenz Aufmerksamkeit generiert und Aufmerksamkeit eine Währung ist. Manchmal wertvoller als Geld. »Meine Geschichte soll Staatsmänner zum Handeln bewegen«, sagt sie. Aber genau das geschieht leider nicht. Jedenfalls nicht, was die Lage der Jesiden, der Christen und der schiitischen Muslime in den IS-Gebieten betrifft.

Mutet sie sich nicht zu viel zu? Warum hat sie ihre Traumatherapie nach nur zwei Sitzungen abgebrochen? »Ich kann mich nicht um mich selbst kümmern, während unsere Familien im Irak noch immer leiden«, sagt sie. Jan Ilhan Kizilhan sieht das mit Sorge, denn manchmal sagt Nadia auch: »Mir wäre es immer noch lieber, sie hätten uns damals alle erschossen.«

Am 12. September 2016 sieht man im Blitzlichtgewitter eines kurzen PR-Besuchs von Amal Clooney und Nadia Murad im Stuttgarter Staatsministerium einen wie immer bedächtig gut gelaunten Landesvater Winfried Kretschmann, eine strahlend schöne »Celebrity« mit wohlklingendem Nachnamen und – eine blasse, ernste, etwas verhuschte Jesidin, derentwegen der ganze Presserummel stattfindet. Michael Blume ist nicht auf den Bildern. Das ist nicht seine Welt. Seine Kolleginnen flachsen, er sei »schon rot geworden«, als Amal Clooney ihn um seine Visitenkarte bat …!

Bei aller Zurückhaltung: Auf seinem Schreibtisch liegt ein Papier, das ihn freut. Die offizielle Einladung, bei der »Ernennungsfeier von Nadia Murad zur Sondergesandten der

Vereinten Nationen für die Opfer von Menschenhandel« am 16. September 2016 in New York dabei zu sein. »Diese Einladung ist nicht übertragbar« steht da. Schade. Zehra muss zu Hause bleiben.

Auch Nadia Murads neues »Amt« sieht der pragmatische Michael erst mal nüchtern: »Sonderbotschafter sein ist ein Ehrenamt, das die UNO und ihre angeschlossenen Hilfsorganisationen an Prominente oder an besonders Betroffene verleiht, damit sie Aufmerksamkeit erzeugen und ein Thema wachhalten, auch wenn dessen Aktualität nachlassen sollte«, ordnet er ein, »der Terror funktioniert über die Medien, und genau dort müssen wir ihn auch besiegen.« Demzufolge plädiert er dafür, dass Baden-Württemberg Nadia Murad in ihrer neuen Rolle unterstützt. Aber natürlich sind es auch für ihn adrenalinhaltige Momente, im »Trustees Council«-Saal des UNO-Gebäudes am East River erst den Generalsekretär Ban Ki-moon, dann die US-Botschafterin Samantha Power und schließlich Amal Clooney reden zu hören. Vom Elend der Jesiden, vom Mut der Geflüchteten und von der Notwendigkeit, dass alle Nationen so handeln wie Deutschland, wenn es um konkrete Taten der Humanität und Solidarität geht. Amal Clooney stellt Michael Blume vor – als »den Helden, der auch Nadia gerettet hat«. Empfindet er in diesem Augenblick Stolz?

»Ja und nein. Es war ja nicht meine eigene Idee, ein Sonderkontingent Flüchtlinge aufzunehmen. Ich war nur einer von vielen Ausführenden. Viele haben mit mir ihr Leben und ihre Karrieren riskiert. Die rund 45 Millionen, die die Rettung und Unterbringung gekostet haben, stammen vom Steuerzahler, also insofern müsste man von ›stellvertretend stolz sein‹ sprechen.«

Emotional näher an die Nieren geht es ihm, dem »geborenen Romantiker«, als in einem Festakt am 1. Dezember

2016 die drei Jesidinnen Nadia Murad, Lamya Baschar und Farida Khalaf zusammen mit Vertretern des Zentralrats der Jesiden im Stuttgarter Landtag »den Abgeordneten und Regierungsmitgliedern den offiziellen Dank aller Geretteten überbringen«. »Sie haben nicht nur unser Leben gerettet, sondern auch unsere Stimmen. Ihre Landesregierung ist die erste weltweit, die solch ein humanitäres Projekt durchgeführt hat«, sagt Nadia am Rednerpult, »und das erzähle ich überall auf der Welt. Als Sonderbotschafterin von Baden-Württemberg, könnte man sagen.«

Lächelt sie jetzt? Ein einziges Mal? Keine zwei Meter rechts von ihr sitzen AfD-Abgeordnete. Einige mit versteinerten Mienen. Noch vor wenigen Wochen hatten sie die Anfrage gestellt, ob es nicht sinnvoller gewesen wäre, Geld in den Irak zu schicken, statt Flüchtlinge von dort zu holen.

In der ersten Reihe kramt Landtagspräsidentin Muhterem Aras ein Taschentuch aus ihrem Kostüm. Sie trat in die Partei der Grünen ein, als in Rostock-Lichtenhagen die Wohnungen vietnamesischer Flüchtlinge angezündet wurden. 2011 war sie die erste muslimische Abgeordnete in diesem Haus.

»Sie haben sich nicht brechen lassen«, antwortet sie in ihrer kurzen Ansprache, »sondern haben als junge Überlebende die Stimme erhoben gegen Gewalt. Dafür müssen wir Ihnen, umgekehrt, unendlich dankbar sein.«

Beim anschließenden Empfang im Foyer fließen viele Tränen. Politikern wird oft attestiert, »hartgesotten«, »aalglatt« oder »ausgebufft« zu sein. Hier, heute, angesichts der geballten Authentizität dieser Frauen und ihrer Leidenserfahrungen brechen die Fassaden der Professionalität auf. »Wenn ich denke, was wir sonst hier manchmal für ›Probleme‹ wälzen … Wir vergessen manchmal, wie gut es uns eigentlich geht«, meint ein Minister nachdenklich.

Michael Blume kann für einen kurzen Moment nicht sprechen. Der Kloß im Hals, die brechende Stimme. Er spürt Zehras Nähe. »Ohne sie, alleine, hätte ich es niemals bis hierher geschafft.«

Ein Weggefährte will ihn loben und ruft jovial herüber: »Na siehste! Hat sich doch gelohnt, was?«

»Ja«, murmelt Michael leise und wie zu sich selbst, »weil jedes Leben zählt. Jedes.«

## Rede der UN-Sonderbotschafterin Nadia Murad am 1. Dezember 2016 im Landtag Stuttgart

Sehr geehrte Frau Landtagspräsidentin Muhterem Aras,
sehr geehrter Herr Ministerpräsident Winfried Kretschmann,
sehr geehrte Damen und Herren Abgeordnete,
liebe Freundinnen und Freunde,

im Sommer vor zwei Jahren war ich noch ein Mädchen voller Träume. Ich hatte eine große Familie und viele Freunde in Kocho – jenem Dorf, das heute nicht mehr existiert. Wie andere Mädchen meines Alters freute ich mich auf die Zukunft, lernte mit Neugier in der Schule, schätzte schöne Kleider, lachte viel und hatte die Hoffnung auf ein gutes Leben.

Daesh, die Kämpfer des sogenannten Islamischen Staats, haben mein Dorf, meine Familie und auch meine Träume zerstört. Die Terroristen haben unsere Familien auseinandergerissen, viele ermordet – vor allem die Männer – und uns Frauen und Kinder behandelt, als wären wir keine Menschen, als hätten wir keinen Wert. Sie haben das alleine aus dem Grund gemacht, weil wir Jesiden in ihren Augen »Ungläubige« sind. Sie wollten uns vernichten. Sie verübten einen Völkermord.

Manchmal habe ich gedacht, dass sie auch mich zerstört haben. Und manchmal habe ich Gott gefragt, warum Er mich nicht auch sterben ließ wie meine Mutter und meine Brüder. Doch heute stehe ich hier und spreche zu Ihnen als Frau, die Daesh nicht zerstören konnte, die überlebt hat.

Und ich bin nicht alleine: Es gibt viele von uns, und Lamiya Bashar und Farida Khalaf sind heute auch hier zu Gast.

Wir sagen: Nicht wir haben unsere Ehre verloren, sondern nur Daesh und deren Freunde haben ihre Ehre verloren. Und wir beten täglich, dass noch mehr von uns aus den schmutzigen Händen der Terroristen befreit werden können.

Wir glauben, dass wir auch deswegen überlebt haben, um der Welt von den Verbrechen von Daesh zu berichten, um die Welt um Hilfe zu bitten und um dafür einzutreten, dass die Täter vor internationale Gerichte gestellt werden. Niemand soll sagen können, er habe von diesen Verbrechen nichts gewusst!

Dabei geht es um Gerechtigkeit, nicht um Rache. Und es geht uns darum, dass wir Jugendliche auch in Europa davor bewahren, sich dieser Ideologie des Hasses anzuschließen. Denn wenn die Welt es den Terroristen erlauben würde, sich nur die Bärte abzurasieren und so zu tun, als ob nichts geschehen wäre – dann wird der Terror nicht enden. Dann wird der Genozid verdrängt und vergessen, dann wird es weitere Gruppen wie Daesh geben. Und sie werden weitere Völker wie das der Jesiden auslöschen – ganz gleich ob jetzt oder später.

Bitte verstehen Sie daher, dass wir nicht schweigen werden, nicht schweigen können, bis diese Ideologie des Hasses restlos überwunden ist! Daher danke ich allen, die sich mit uns dafür einsetzen, dass die Terroristen vor ein internationales Gericht gestellt werden; namentlich unserer Freundin und Anwältin Amal Clooney und ihrem Team sowie Luis Ocampo und vielen weiteren Freunden.

Und ich danke besonders Ihnen, dem Land Baden-Württemberg. Denn wir haben in der Gefangenschaft von Daesh gefürchtet, dass die Welt uns vergessen hat und nicht unterstützen wird. Dabei waren die Verbrechen dieser Terroristen der Welt bekannt, Daesh hat sich sogar mit ihnen gebrüstet! Sie, sehr geehrter Ministerpräsident Kretschmann, haben gemeinsam mit Ihrem Minister Klaus-Peter Murawski das Flehen des Zentralrates der Jesiden in Deutschland gehört. Baden-Württemberg hat und braucht keine eigene Armee. Doch Sie haben den Vorschlag gemacht, dass Ihr Land bis zu 1000 Frauen und Kinder aus Kurdistan-Irak holen kann, die in den Händen von Daesh gewesen sind und alles verloren haben.

Sie haben mit diesem Vorschlag nicht nur unser Leben gerettet, sondern auch unsere Stimmen. Hätten Sie uns nicht die Sicherheit und Unterstützung gegeben, wie hätten wir sprechen können? Und wer hätte uns gehört?

Dass ich zu den Vereinten Nationen, zu Ihrer Bundeskanzlerin und heute auch zu Ihnen sprechen kann, wäre ohne dieses Sonderkontingent nicht möglich gewesen. Ich habe dies bisher in allen Ländern berichtet und werde es weiterhin tun – Ihre Landesregierung ist die erste weltweit, die solch ein humanitäres Projekt durchgeführt hat. Bitte nehmen Sie den Dank aller Geretteten dafür an.

Baden-Württemberg ist erfreulicherweise eine Demokratie, keine Diktatur. Ich weiß: Dass das Sonderkontingent Wirklichkeit werden konnte, liegt an allen Mitgliedern der Regierung und an Ihnen, den Abgeordneten dieses Parlaments. Ich habe erfahren, dass Vertreter aller Parteien dieses Parlaments im Jahr 2014 diesem »Sonderkontingent für schutzbedürftige Frauen und Kinder aus dem Nordirak« zugestimmt haben. Sie alle haben sich für die Menschlichkeit entschieden.

Auch die Städte und Gemeinden in Baden-Württemberg, die uns aufgenommen haben, haben dies freiwillig getan.

Ich möchte allen Mitarbeitern und vor allem den Sozialarbeiterinnen, Dolmetscherinnen und Ehrenamtlichen für ihre wertvolle Arbeit und Unterstützung danken.

Und erlauben Sie mir auch, besonders die Menschen anzusprechen, die ihr eigenes Leben eingesetzt haben, um uns zu retten und in Sicherheit zu bringen: das Team des Sonderkontingentes unter Leitung von Dr. Michael Blume. Heute anwesend sind aus seinem Team Prof. Ilhan Kizilhan, Hes Sedik, Mirza Dinnayi und Simone Helmschrott. Sie und einige andere haben dem Land Baden-Württemberg große Ehre gemacht; und sie haben uns Hoffnung gegeben.

Sie alle haben uns gezeigt, dass die Welt uns nicht vergessen hat, dass wir doch noch eine Zukunft haben werden und dass das Unrecht am Ende nicht siegen wird. Im Namen aller Opfer des Terrors und aller 1100 Frauen und Kinder, die Sie in Sicherheit gebracht haben, danke ich Ihnen aus tiefstem Herzen!

Für Deutschland mag es dabei Alltag sein, dass Frauen und Männer, Christen, Jesiden, Muslime und auch Menschen ohne Religion zusammenarbeiten. Doch die ehrenwerten Botschafter des Irak und der Region Kurdistan-Irak werden Ihnen bestätigen, dass dies leider alles andere als selbstverständlich ist.

Terroristen und Verräter haben es an vielen Orten geschafft, das Vertrauen zwischen den Religionen und Völkern so zu zerstören, dass die Gewalt kein Ende nimmt. Und sie werden nicht damit aufhören, sondern weiterhin versuchen, Angst, Hass und Kriege zwischen den Menschen zu säen.

Doch eine Rückkehr in die Heimat wird nur möglich sein, wenn die Jesiden wieder Vertrauen in ihre Zukunft und ihr Land bekommen können. Dazu gehört, dass die Geschehnisse um Daesh ehrlich aufgearbeitet werden. Schon jetzt erleben wir leider Versuche, die Geschichte unseres Volkes nachträglich so umzudeuten, dass der Genozid verdrängt und verschwiegen wird.

Ich danke daher auch Bundeskanzlerin Angela Merkel für ihren Vorschlag einer Autonomie des jesidischen Volkes mit internationaler Hilfe und Aufsicht. Ich bitte die Regierungen in Irak und in Kurdistan-Irak um mehr Unterstützung des jesidischen Volkes und allen anderen religiösen Minderheiten im Irak wie etwa Christen und Sabier sowie um ihre Einsicht dafür, dass Vertrauen wiedergewonnen werden muss. Jedoch dieses Mal mit Tiefgründigkeit und Gewissheit, sodass sich die Geschehnisse nicht wiederholen. Solange keine handfesten Lösungen für die Jesiden sowie für andere religiöse Minderheiten in Irak und in Kurdistan-Irak gefunden werden, werden diese Menschen ihre Heimat in Richtung Europa verlassen – so wie die Jesiden aus Syrien und aus der Türkei geflüchtet sind.

Nur so kann Daesh wirklich besiegt werden, der Wiederaufbau gelingen und der Strom der Flüchtlinge in andere Länder enden. Nur so kann mein Volk in seiner Heimat überleben.

Liebe Frau Präsidentin, lieber Herr Ministerpräsident, geehrte Abgeordnete, mir ist die große Ehre bewusst, die Sie mir erwiesen haben, als Sonderbotschafterin der Vereinten Nationen vor Ihnen zu sprechen. Und ich will dies nicht nur im Namen meines Volkes und aller Opfer von Daesh tun, sondern auch im Namen aller Flüchtlinge, die Deutschland bei sich aufgenommen hat.

Die meisten sind gute Menschen, auch wenn sie oft mit anderen Werten aufgezogen wurden, ihre geliebte Heimat nicht freiwillig verlassen und furchtbare Dinge erlebt haben. Gerade weil wir Krieg und Gewalt selbst erlebt haben, stehen wir aber auch an Ihrer Seite, wenn es darum geht, Terroristen und Kriminellen Einhalt zu gebieten!

Denn die allermeisten von uns wissen, was sie Deutschland und seinen Menschen zu verdanken haben. Wir wissen, dass Deutschland kein Öl hat, sondern seinen Wohlstand aus dem Fleiß und der Bildung seiner Menschen schöpft. Genau deshalb konnte es eine glückliche Demokratie werden.

Wir wissen, dass die Kirchen dieses Landes aus den Fehlern der Vergangenheit gelernt haben, dass sie den Dialog mit Andersglaubenden suchen, dass sie Bedürftigen mit Liebe begegnen und Hassprediger in ihren Reihen nicht mehr dulden.

Von muslimischen Gemeinschaften und Regierungen wünsche ich mir die gleiche Entschlossenheit in der Auseinandersetzung mit dem Extremismus. Jetzt sollten sich vor allem Muslime und deren Religionsträger und Oberhäupter öffentlich gegen Extremismus, Terrorismus und Gewalt aussprechen und alle anderen Religionen, Ethnien und Nationalitäten akzeptieren und respektieren.

Wann immer im Namen Gottes Feindschaft und Hass gepredigt werden, leiden und sterben Menschen! Wir Aufgenommenen wissen, dass wir ein Teil von Deutschland werden können, wenn wir die Gesetze achten, die Sprache lernen und mitarbeiten.

Deutschland ist vielen von uns zu einem Segen geworden; noch in Generationen wird man daran denken. Und wir wollen alles dafür tun, dass auch wir wiederum zu einem Segen für Sie werden können.

Ich danke Ihnen für Ihre Aufmerksamkeit.

## »Den Anruf werde ich nie vergessen«

Am Tag, nachdem das *ZDF-heute journal* einen Ausschnitt meines Films über den Völkermord an den Jesiden gezeigt hatte, war das Staatsministerium Stuttgart am Telefon. Ich spürte sofort eine Wärme, eine Leidenschaft und Intensität, einen Enthusiasmus von diesem Herrn Blume, der nur sagen wollte: »Danke, Ihr Film hilft, die letzten Bedenkenträger zu überzeugen, dass wir das Sonderkontingent Flüchtlinge holen.«

Seine Frau Zehra lernte ich erst beim Festakt des baden-württembergischen Landtags anlässlich der Dankesrede von Nadia Murad kennen und dachte:

Ja. Diese Frau war immer dabei, wenn Michael unter Lebensgefahr im Nordirak war! Auch wenn sie nicht physisch dabei war: Ihre Kraft, ihre Liebe, ist wahrscheinlich die wichtigste Antriebsfeder für ihn.

Wie engagiert der sich einsetzte, wenn unser Verein »Hawar Help« mal wieder angegriffen wurde für die Bildungs- und Sozialarbeit unter jesidischen Mädchen und Frauen – also da fragte ich mich jedes Mal, woher er die Zeit nimmt. Was ja Bände spricht über die Toleranz, das Mitdenken und Mittragen von Zehra!

Wir haben in unserer jahrtausendealten Religion eine fast könnte man sagen »dogmatische Revolution« erlebt, als unser spirituelles Oberhaupt in Lalisch die ausreisenden Jesidinnen segnete und ihnen zusagte, keineswegs entehrt oder verstoßen, sondern geachtete Mitglieder der Gemeinschaft zu sein und zu bleiben. Ein Impuls, den Michael Blume und andere mit angestoßen haben und der allen Frauen unseres Volkes weltweit ihre Selbstachtung und Würde zurückgegeben hat. Da beginnt gerade eine Geschichte von Hoffnung und Freiheit, von Emanzipation und Aufbruch aus patriarchaler Fremdbestimmung, so erlebe ich das.

Ich kenne niemanden, der so beeindruckend und liebevoll eine christlich-muslimische Ehe vorlebt wie Zehra. Ich kenne auch niemanden, der mir die Nächstenliebe und das Christ-Sein so greifbar und überzeugend vermittelt hat wie Michael.

*Düzen Tekkal*

*TV-Journalistin, Autorin,*

*Vorsitzende des Vereins »Hawar Help«*

# Nachwort

von Zehra und Michael Blume

Nun kennen Sie also unsere Geschichte, liebe Leserin, lieber Leser. Wir selber haben uns immer wieder gefragt, warum sich andere Menschen so für unsere Ehe interessieren. Schließlich waren und sind wir einfach zwei Verliebte, die sich gefunden haben – so, wie glücklicherweise viele Millionen Menschen in unserem Land! Wir stammen beide aus Arbeiterfamilien und sind auch keine »Superfrommen«, sondern zwei von vielen, die nach Liebe, Sinn und Chancen in einer freien Gesellschaft suchten und suchen.

Aber wir verstanden auch: Viele Menschen hatten es satt, in den Medien immer nur schlechte Nachrichten vom Zusammenleben zwischen Musliminnen und Christen zu hören, zu sehen, zu lesen. Auf vielen islamisch geprägten Kanälen erscheinen Christen vor allem als Kreuzritter, Kolonisatoren und Missionare. Umgekehrt erscheinen viele Muslime in westlichen Medien vor allem als Migranten, Machos und Terroristen. Dass ein Christ ostdeutscher Herkunft den islamischen Glauben seiner Frau respektieren kann und dass eine Muslimin türkischer Herkunft in Deutschland ihr Abitur machen und sich ihren Ehemann selbst aussuchen kann, halten immer noch viele Menschen für eine Sensation – dabei ist es längst alltäglich. Wie konnten wir aber über diese Schieflage in den Medien stöhnen und dann selbst absagen, wenn Journalistinnen und Journalisten auf uns zukamen?

Noch näher gingen uns die Anfragen von immer mehr jungen Paaren verschiedener (und keiner) Religion, die wissen wollten, »wie so eine Ehe gelingt« und wie man auch die eigenen Eltern und Großeltern davon überzeugen kann. Klar, vor einigen Jahrzehnten galten sogar noch Ehen zwischen Protestanten und Katholiken oder zwischen Sunniten und Aleviten als schwierig – und nicht wenige machen sich bis heute Sorgen, dass es »nicht funktioniert«. Und tatsächlich bringen interreligiöse Ehen sicherlich besondere Chancen mit sich – wie die Schatzkammern mehrerer Traditionen, aus denen die Liebenden wählen können. Aber sie sind auch mit besonderen Herausforderungen verbunden – wie der Versuchung, ungelöste Fragen einfach zu verschieben.

Und so entschieden wir uns schließlich, unsere Geschichte einem Menschen anzuvertrauen, dem wir vertrauen, dass er unser Privat- und Familienleben achtsam respektiert, nicht nach Sensationen schielt und Situationen ausnutzt, aber auch nichts überhöht. Andreas Malessa war dieser Mann, der uns über Jahre hinweg begleitete. Er interviewte uns, Angehörige und Freunde, bohrte auch kritisch nach und fand Dinge über uns und unsere Familien heraus, die wir selbst noch gar nicht wussten. Als Michael schließlich für das Sonderkontingent des Landes Baden-Württemberg in den Irak aufbrechen musste, wartete Andreas einfach seine Rückkehr ab und baute auch diese Geschichte in sein Buch ein.

Im Türkischen gibt es den wunderschönen Wunsch an ein Ehepaar: »Möget ihr auf einem Kissen alt werden!« Das wünschen wir uns natürlich auch, wobei uns klar ist, dass es nur zu einem kleinen Teil in unserer Macht liegt. Auch wir wissen nicht, wie viele Jahre Gott uns noch schenkt und ob unsere Ehe alle Stürme überstehen wird. Und dennoch wollen wir gerne Menschen Mut dazu machen, zu lieben; denn ein Leben ohne Liebe ist vielleicht sicherer und planbarer, aber eben auch kälter. Und ist unsere Welt nicht oft kalt genug?

Neben Andreas Malessa danken wie auch Stefan Wiesner vom bene! Verlag für die hervorragende Begleitung und auch Geduld, die das Entstehen dieses Buches erfordert hat.

Wir wollten an unserer eigenen Geschichte kein Geld verdienen und haben daher darum gebeten, im Erfolgsfall eine Spende an Hawar e.V. zu geben. Dieser Verein deutscher Jesidinnen um Düzen Tekkal unterstützt und stärkt in einer Vielzahl von Projekten geflüchtete Frauen und Kinder aller Religionen in Deutschland und im Irak. Wir glauben gemeinsam, dass es keinen wirklichen Fortschritt und Frieden an Frauen und Kindern vorbei geben kann. Und dass Hilfe für die Menschen, die Hilfe brauchen, die beste Art des Gottesdienstes ist.

**Andreas Malessa** ist Hörfunkjournalist bei ARD-Sendern sowie Buchautor von Sachbüchern und Biografien. Seine Talkformate und Dokumentarfilme machten ihn als kompetenten und humorvollen Gesprächspartner bekannt. Der evangelische Theologe ist ein viel gefragter Fachreferent für kulturelle, sozialethische und kirchliche Themen. Er ist seit über 40 Jahren verheiratet, hat zwei erwachsene Töchter und lebt in der Nähe von Stuttgart.

Originalausgabe Februar 2019

Ein Imprint der Verlagsgruppe
Droemer Knaur GmbH & Co. KG, München.

Lektorat: Stefan Wiesner
Cover- und Innengestaltung: Maike Michel
Coverabbildung: Shutterstock: Leone_V und LENS-68
Druck und Bindung: CPI books GmbH, Leck
ISBN 978-3-96340-036-0

5 4 3 2 1